中国高校食堂
食物浪费研究

ZHONGGUO GAOXIAO SHITANG
SHIWU LANGFEI YANJIU

钱龙 李丰◎著

中国财经出版传媒集团

经济科学出版社
Economic Science Press
北京

图书在版编目（CIP）数据

中国高校食堂食物浪费研究／钱龙，李丰著．－－北京：经济科学出版社，2023.12
ISBN 978-7-5218-5382-7

Ⅰ.①中…　Ⅱ.①钱…②李…　Ⅲ.①高等学校－食堂－浪费－研究－中国　Ⅳ.①G647.85

中国国家版本馆 CIP 数据核字（2023）第 237137 号

责任编辑：汪武静
责任校对：孙　晨
责任印制：邱　天

中国高校食堂食物浪费研究

钱　龙　李　丰　著

经济科学出版社出版、发行　新华书店经销

社址：北京市海淀区阜成路甲 28 号　邮编：100142

总编部电话：010-88191217　发行部电话：010-88191522

网址：www. esp. com. cn

电子邮箱：esp@ esp. com. cn

天猫网店：经济科学出版社旗舰店

网址：http://jjkxcbs. tmall. com

固安华明印业有限公司印装

710×1000　16 开　14 印张　230000 字

2023 年 12 月第 1 版　2023 年 12 月第 1 次印刷

ISBN 978-7-5218-5382-7　定价：73.00 元

（图书出现印装问题，本社负责调换。电话：010-88191545）

（版权所有　侵权必究　打击盗版　举报热线：010-88191661

QQ：2242791300　营销中心电话：010-88191537

电子邮箱：dbts@ esp. com. cn）

本 书 获

粮食公益性行业科研专项项目（201513004）

国家社会科学基金重大项目（22ZDA117）

国家社会科学基金重点项目（20AZD116）

国家自然科学基金面上项目（72273061）

国家自然科学基金应急管理项目（72241015；72241013）

国家自然科学基金青年项目（71803077）

江苏省社会科学基金青年项目（22GLC015）

现代粮食流通与安全协同创新中心

南京财经大学粮食安全与战略研究中心

江苏粮食安全治理研究基地

江苏高校优势学科

资 助

序

　　对中国这样一个有着 14 亿多人口的大国，切实保障粮食安全是一个永恒的话题。我曾经指出过，粮食安全是一个关于粮食生产、流通、储藏和消费的连续的故事，这也就意味着，把中国人的饭碗牢牢端在自己手中，除了持续做加法，即通过种子研发、提升耕地质量、加大农业装备与科技投入等方式来稳粮增产，还可以通过减少粮食全产业链的损失和浪费，亦即通过做好减法来更好保障粮食安全。从国际普遍经验来看，减少粮食损耗在生产和流通储藏环节通过技术层面迭代升级和管理效率的提升相对容易实现；但在消费端减少粮食和食物浪费，由于涉及千千万万个体，与人类动机和行为选择密切相关，反而相对复杂。因此，近些年来，越来越多学者开始关注如何更加有效地减少消费端的粮食和食物浪费。

　　中国是全球最大的发展中国家，但是随着居民生活条件的改善，中国消费者浪费食物也愈发普遍，在中国，由于消费习惯和方式以及消费理性的特殊性，消费环节的浪费现象更加严重。人们不难发现，无论是在家庭私密空间，还是餐馆、酒店、公共食堂等公共场所，均有大量食物被浪费，带来了不菲的经济损失和严重的负面环境效应。因此，加强消费端管控，切实有效减少浪费，对保障中国粮食安全变得愈发迫切。习近平总书记高度重视减少食物浪费，分别于 2013 年和 2020 年对此作出重要批示，强调要形成人人珍惜食物的良好局面。2021 年 4 月，《反食品浪费法》正式出台，标志着中国反食物浪费进入法治治理的历史新阶段。同年 11 月，中共中央办公厅、国务院办公厅印发了《粮食节约行动方案》。可见，减少粮食和食物浪费引起了党和政府高度关注。减少浪费就是实现增产，就是打造"无形粮田"，也是践行大食物观和更好保障中国粮食安全的有力举措。

然而，减少消费端食物浪费，并非是一个号召和立法行动就能够彻底解决的。深化对食物消费环节的研究，从消费行为（心理动机与饮食方式等）解构成因，建构减少食物浪费途径和方法，具有重大理论和现实意义。

中国高校数量众多，在校生规模庞大，两项指标均居世界第一，高校食堂场所产生的食物浪费不容小觑。青年大学生朝气蓬勃，文化水平高，眼界开阔，在减少食物浪费方面理应在全社会做到带头示范。但是，国内关注高校场所食物浪费的研究并不多见，对大学生食物浪费行为和动机的揭示也远远不够。南京财经大学粮食和物资学院钱龙副教授在这一领域作出了很好的探索，他和团队成员基于"中国高校食堂食物浪费调查"，通过近万份问卷调查和超过三万次累计称重，获得了第一个具有全国代表性的高校食堂浪费数据库，形成了《中国高校食堂食物浪费研究》这一有突破性的学术专著。通过阅读这本书，读者能够获取以下几个问题的答案：中国高校食堂食物浪费怎样？中国大学生为什么浪费？背后的动机和关键影响因素是什么？高校食堂浪费带来的负面资源环境效应如何？书稿内容丰富，紧密对接国际前沿，分析深刻，观点独特，读完之后，我也收获颇多。

本书是国内减少食物浪费领域的一项标志性成果，提供了我国粮食和食物浪费领域最新经验证据。不仅对更好促进《反食品浪费法》的落地实施和加快构建节约型社会和节约型校园有很强的指导意义，而且为学术界进一步开展粮食和食物浪费研究奠定了坚实的基础，更为全方位夯实中国粮食安全基础提供了如何在消费端发力的解决方案。毫无疑问，这是一本不可多得的优秀著作。

欣阅此书，谨以为序。

中国社科院农村发展研究所党委书记、二级研究员
2023 年 10 月于北京

前言
Preface

　　对中国这样的一个人口大国，保障粮食安全是时时刻刻都不容懈怠的事情。传统思维主要是扩大供给和增加粮食产量，通过加法来实现这一目标。在中国政府的高度重视、各类政策的大力支持下，中国粮食产量取得了"十九连丰"的历史性成绩。然而，随着既往各类政策红利逐渐释放，而科技进步在短时间内又难以突破，加之资源环境约束愈发趋紧，粮食增产的难度越来越大。近些年来，另外一条道路愈发引起学者们的高度重视，暨从减法思路出发，通过减少粮食损失和浪费来更好保障粮食安全。正如一些学者所倡导的，有效减少粮食损失和浪费就是打造"无形粮田"，也能够很好地助力中国粮食安全战略的实现，且在技术层面这一举措见效快，效果更好。

　　当前，减少粮食损失和浪费已经渐渐成为全社会的共识。尤其是随着生活水平的改善，浪费现象在当今中国变得越来越普遍。因此，减少粮食和食物浪费刻不容缓。从我们的调查来看，高校也是浪费的重灾区之一，有效减少高校场所的食物浪费也能够节约大量粮食。但高校场所的浪费现状如何，产生的负面资源环境效益如何，仍然是一块有待揭示的阴影区，相关研究并不多。大学生作为青年一代的佼佼者和社会主义事业的接班人，需要在减少粮食和食物浪费方面带好头和做好示范。因此，加强研究青年大学生的浪费行为，识别背后关键的影响因素和动机，找到破解的策略，是十分必要和迫切的。

因此，本书基于一项具有全国代表性的高校抽样调查，对中国大学生的食物浪费和高校食堂食物浪费带来的环境影响进行全景式描述和系统性研究。本书一共有十三章。

第一章是绪论，主要是引出中国高校食堂食物浪费这一主题，阐述本书的研究目标和研究意义、思路和方法、介绍可能的创新。

第二章是文献综述与分析框架，较为全面地梳理已有相关研究，并构建本书的理论分析框架。

第三章是高校食堂浪费调查的开展，着重介绍了被调查学校选择和样本的抽样过程、问卷调查详细过程和食物浪费数据的获取。

第四章是中国高校食堂食物浪费测度，从微观层面对大学生的食物浪费表现进行了描述性分析，并开展了不同特征大学生的异质性比较分析，以及从宏观层面进行的高校食堂浪费总量与结构分析。

第五章是高校食堂食物浪费的影响因素分析，从个体特征、家庭特征、就餐特征、区域特征等维度进行了探索性分析，识别了大学生在食堂就餐时产生浪费的关键变量。

第六章是 BMI 对高校食堂食物浪费的影响，结合青年大学生的自身特点，从 BMI 这一独特视角分析了其浪费行为和特征。

第七章是南北方饮食文化对高校食堂食物浪费的影响，关注了中国特有的南北方文化差异，尤其是主食差异如何影响大学生的食物浪费表现。

第八章是"光盘行动"对高校食堂食物浪费的影响，聚焦广泛宣传和广为人知的食物节约运动如何影响大学生的食物浪费行为。

第九章是高校食堂食物浪费的生态足迹研究，对中国高校食物浪费带来的环境效应——生态足迹进行了刻画和分析。

第十章是高校食堂食物浪费的碳足迹研究，对中国高校食物浪费带来的环境效应——碳足迹进行了刻画和分析。

第十一章是高校食堂食物浪费的磷足迹研究，对中国高校食物浪费带来的环境效应——磷足迹进行了刻画和分析。

第十二章是高校食堂食物浪费的氮足迹研究，对中国高校食物浪费带来的环境效应——氮足迹进行了刻画和分析。

第十三章是结论与启示，总结了本书的主要研究发现、重点内容和结论，并提出了相应的政策建议与研究启示。

　　整体而言，上述章节按照分工构成，第一章到第三章属于铺垫性和研究准备阶段，第四章至第七章属于食物浪费分析，第八章到第十二章属于食物浪费环境效应测度，最后一章是收尾。据我们所知，本书是第一本较为系统的分析中国高校食堂食物浪费及其环境效应的专著。希望本书的出版能够推动本领域的研究走向深入，为更有效的减少高校食堂食物浪费和创建节约型校园，乃至节约型社会作出贡献。

目　录

Contents

第十三章

结论与启示 ·· 181

第一章

绪 论

当前，粮食和食物安全问题是全球面临的最大挑战之一。根据联合国发布的《世界粮食安全和营养状况》显示，在新冠疫情阴霾笼罩下，全球粮食安全危机加剧，使得世界饥饿人口在 2020 年内激增了 1.61 亿，全球食物短缺发生率在短短一年中从 8.4% 升至 9.9%（FAO, 2021）。并且，随着全球化进程的推进、气候变化的加剧、国际矛盾以及突发事件的频发，全球粮食安全面临着更为严峻的挑战（刘立涛等，2018；成升魁等，2018）。然而，在全球饥饿肆虐的时代背景下，却有大量的食物被白白浪费。联合国粮农组织（FAO）的一份报告曾指出，全球生产的粮食约有 33% 被白白损耗（Gustavsson et al., 2011）。联合国环境规划署（UNEP）提供的另一份较新的报告显示，全球大约有 17% 的食物在消费阶段被浪费，而这其中超过 60% 的损失本可以避免（Forbes et al., 2021）。显然，在全球人口总量逐渐增加和消费需求日益增长的时代背景下，食物浪费问题给全球粮食安全保障带来了严峻挑战（高利伟，2019）。

大量的食物浪费不仅威胁到粮食安全，还造成了巨大的资源浪费以及十分严重的负面环境效应（Tonini et al., 2018；FAO, 2019；Principato et al., 2021）。食物浪费意味着食物生产阶段所投入的水、土、化肥和其他投入要素资源的白白损耗（Thyberg et al.，2016；Song et al.，2018），而这些生产要素本身是需要消耗很多资源的。对被丢弃食物的处理，也会产生譬如重金属污染和二氧化碳排放等环境负担（Song et al.，2015；丁珊，2015）。据估计，食物损失和浪费约占用全球粮食生产用地、淡水资源和化肥总利用量的24%（Kummu et al.，2012），占据全球人为温室气体排放总量的5%左右（Skaf et al.，2021）。*Nature Food* 上的一篇研究显示，2017年全球食物浪费导致93亿吨二氧化碳当量排放，与同年美国和欧盟的总排放量大致相同（Zhu et al.，2023）。EAT-Lancet委员会的一项研究表明，如果全球食物损失和浪费减半，那么至少可以减少5%的农业温室气体排放、降低13%左右的用水量和15%左右的氮、磷要素投入（Willett et al.，2019）。由此可见，有效治理食物浪费对缓解全球资源环境问题有巨大的潜在贡献。食物浪费问题也已成为国际社会的关注焦点，减少食物损耗与浪费作为联合国（UN）可持续发展重要目标之一，被写入《2030年可持续发展议程》（SDG 12.3版本）。

食物浪费可能发生在食物供应链的各个环节（曹芳芳等，2018）。其中，产后端的收获、干燥、储藏、运输、加工、销售等环节多由于管理水平和技术应用水平不够，导致了食物的无端损耗，消费端则更多是人类主观决策导致的损失（王灵恩等，2015）。近些年来，前者随着技术应用设备的升级和管理效率的提升已经得到较好的缓解，但是后者的食物浪费，却没有得到明显的遏制（成升魁等，2012）。也正是因为如此，越来越多的学者对消费者食物浪费的动机进行了深入探索，并发现消费者的经济社会特征、主观认知和外在环境特征均会对食物浪费有影响（Qian et al.，2022）。从食物浪费的场所来看，家庭食物浪费仍然是食物浪费最主要的来源（江金启等，2018），但家庭外场所，比如公共食堂（包括中小学和大学）、商业性餐馆（Wang et al.，2018）、咖啡厅、医院（Zakiaht et al.，2005）等场所的食物浪费也愈发不可忽视。

一个共识是，生活水平越高，人们越富裕，产生的食物浪费也越多。因此，诸多研究发现，食物浪费更多地发生在发达国家和地区。每年富裕国家消费者浪费的粮食几乎和撒哈拉以南非洲的粮食净产量一样多，达 2.22 亿吨。在欧洲和北美，每年的人均浪费量为 95～115 千克[①]。

但是随着居民生活水平的提升，作为发展中国家的中国，同样存在较为严重的食物浪费（张其春等，2023）。近年来，食物浪费现象得到国内学者的广泛关注，初步形成一批有影响力的成果（王灵恩等，2022）。一些研究对食物浪费规模进行了测算，如中国农业大学的一项研究表明，2006～2008 年中国人浪费的食物总量足以养活 2.5 亿～3 亿人[②]。胡越等（2013）利用 GTAP 模型测算了中国食物浪费量，估算出中国一年的粮食浪费量为 1.2 亿吨，相当于浪费了 2.76 亿亩播种面积和 316.1 亿立方米农业用水。来自中国科学院地理科学与资源研究所的一项研究表明，中国在 2013～2015 年每年在餐桌上浪费的粮食高达 1700 万～1800 万吨，相当于 3000 万～5000 万人一年的口粮[③]。江金启等（2018）基于中国健康与营养调查，推算出 2016 年中国居民家全年食物浪费总量高达 1055.60 万～1501.55 万吨，相当于当年 4.47%～5.2% 的粮食被白白浪费。另外，还有较多文献涉及食物浪费会带来怎样的资源环境效应（Liu et al.，2013）。如宋国宝等（Song et al.，2015）基于 CHNS 数据，分析了中国居民食物浪费带来的碳足迹和水足迹。王灵恩等（2016）基于拉萨市餐饮业食物消费的调查，对食物浪费的资源环境成本进行了定量核算。张丹等（2016a，2016b，2016c）基于北京市餐饮机构的调查，分析了餐馆食物浪费引致的氮足迹、碳足迹和磷足迹。整体而言，关于食物浪费的国内研究视角偏宏观，基于微观调查分析个体食物浪费行为的成果还较少（张盼盼等，2018；廖芬等，2018，Li et al.，2021）。

不同于已有研究，本书聚焦的并不是居民家庭层面的食物浪费，或者餐饮服务业所产生的食物浪费，而是选择以中国高校食堂场所作为研究对象，重点分析高校食堂就餐主体——大学生的食物浪费行为。之所以如此，一方面，是因为国内外已有丰富的文献涉及前两个领域，而作

---

① 资料来源：食物浪费导致 93 亿吨二氧化碳当量排放，哪类食物碳排最高［EB/OL］．碳管家网，2023－04－07.

② 资料来源：王天聿．政协常委武维华：全国每年浪费的食物能养活 3 亿人［EB/OL］．中国新闻网，2010－3－10.

③ 资料来源：中科院研究显示：中国食物浪费量约为每年 1700 万至 1800 万吨［EB/OL］．中国科学院地理科学与资源研究所网站，2016－11－28.

为外出就餐主要形式之一的食堂消费，相关成果并不多见，关于中国高校的更是罕见；另一方面，是因为中国高校食堂中的食物浪费十分惊人。首先，中国高校大学生的数量庞大，且招生规模与日俱增。2018年发布的《中国高等教育质量报告》显示，2017年中国已经拥有各类高校2852所，位居世界第二；在校大学生数量则突破3700万人，位居世界第一。教育部2022年发布的数据显示，全国高等院校数量增加为3013所，在校大学生总规模进一步扩大为4655万人，这一群体的食物浪费行为值得密切关注。其次，中国高校食堂浪费情况也颇为严重。有诸多媒体曾对中国高校食堂的食物浪费现象进行深度采访和报道，并感叹青年大学生不懂得"粒粒皆辛苦"，不珍惜宝贵的粮食。例如人民网2013年的调查①、央视网2017的调查②等等。这一点也得到一些小样本调查的支持，如对北京市6所高校的调查（Wu et al.，2019）、对武汉市7所高校的调查（Zhang et al.，2021）。

餐饮领域的食物浪费现象也引起了政策层面的高度关注，早在2013年，习近平总书记就提到要减少全社会的食物浪费③。同年，民间发起了"光盘行动"的食物节约活动，倡导厉行节约、反对铺张浪费，在全国范围内得到了大力推广，并成为2013年全国十大新闻热词和网络热度词汇。2020年，习近平总书记再次强调要反对食物浪费，形成人人珍惜食物的良好局面④。随后，教育部印发了《教育系统"制止餐饮浪费培养节约习惯"行动方案》，方案中再次提及"光盘行动"，要求高等院校等校园场所有效减少食物浪费。

随后，各级各类学校食堂中大量设置了相关标语、标志，开展了形式多样、丰富多彩的宣传。除积极倡导外，为进一步推进全社会的反食物浪费治理，全国人民代表大会常务委员会于2021年4月29日审议通

---

① 资料来源：调查高校食堂浪费 受访学生谈剩菜原因：我挑食 [EB/OL]. 人民网，2013 - 11 - 21.

② 资料来源：【舌尖上的浪费】部分高校食堂和自助餐厅浪费减少 [EB/OL]. 新浪新闻中心，2017 - 05 - 29.

③ 资料来源：丰年不忘灾年，坚决遏制"舌尖上的浪费"[N]. 人民日报，2020 - 10 - 27.

④ 资料来源：行动起来，杜绝"舌尖上的浪费"（厉行节约 反对浪费）[EB/OL]. 人民网，2020 - 08 - 12.

过了《中华人民共和国反食品浪费法》（以下简称《反食品浪费法》），这标志着中国反食物浪费进入了法制治理的历史新阶段。为贯彻落实党的十九届五中全会关于"开展粮食节约行动"的部署要求，推动实施《反食品浪费法》，2021 年 11 月中共中央办公厅、国务院办公厅又印发了《粮食节约行动方案》。一系列政策、法律和具体方案的密集颁布，足见治理食物浪费的重要性。因此，对中国高校食堂浪费进行调查，分析青年大学生食堂就餐的浪费行为及其影响因素，找寻可能的治理机制，有助于推进食物浪费领域的中国高校研究，并与国外类似研究进行比较分析。并且，关注中国高校食堂食物浪费，有助于针对性的对策建议出台，为科学决策提供经验基础，这也有助于为减少食物浪费提供中国治理经验，贡献中国力量。

然而，当前国内还鲜有成果聚焦高校食堂场所的食物浪费，无法有效回答大学生食堂就餐食物浪费的原因所在，对高校食物节约活动实际效果进行检验的研究也较少（韩琳琳等，2022；曾翠清等，2022）。为此，本章拟基于南京财经大学粮食安全与战略研究中心于 2018 年开展的一项全国性调查，暨"中国高校食堂食物浪费调查"获得的第一手调研数据，探究中国高校食堂的食物浪费到底如何，中国大学生食物浪费行为如何，关注青年大学生食物浪费的驱动因素和带来的一系列环境影响效应，并聚焦一些关键因素对不同特征大学生食物浪费行为或相应环境效应的异质性效应，从而为中国高校食物浪费提供了直接经验证据。同时，本书有利于反食物浪费相关政策在高校领域落实的调试和优化，以及针对不同特征学生出台更有针对性的食物浪费治理方式。

第二节 研究目标和研究意义

一、研究目标

本书的研究目标可以总结为：在理论层面，通过第一份有全国代表性的高校食堂食物浪费数据，从个体审美、饮食文化、政策干预等创新性视角出发，分析 BMI、南北饮食文化差异、"光盘行动"对大学生食物浪费行为的影响，进一步推进食物浪费领域研究走向深入。在实证层面，使用微观调查数据，通过对全国高校食堂食物浪费进行测度，揭示大学生的食物浪费情况。实证分析青年大学生的食物浪费行为、识别高校食堂浪费的关键影响因素，阐释这些关键性因素如何影响大学生食物浪费行为，并进行多维度异质性分析。此外，高校食堂食物浪费的环境效应不容小视，挖掘其中蕴含的环境效应，包括生态足迹、碳足迹、磷足迹、氮足迹等负面影响，也是本书的重点研究目标。基于以上的研究分析和结果，能够加深对中国高校食堂食物浪费行为的理解，并在此基础上提出针对性对策建议。为达到上述目标，本书需要完成下述四个分目标，即需要回答下述四个问题：

第一，食物浪费问题的内涵和现状是什么？该部分拟在文献分析的基础上，对中国乃至全球的食物浪费研究进行系统、完备的梳理，对食物浪费的内涵和定义，以及食物浪费的测度方法进行全方位整理，从而为后续研究打下基础。另外，还拟对高校食堂食物浪费的现状进行调查与分析，通过识别微观个体的浪费情况（是否有浪费、绝对浪费量、相对浪费率、不同食物的浪费情况），在宏观层面测度全国高校的食物浪费规模和结构。

第二，识别一些关键因素在高校食堂食物浪费中发挥着怎样的作用。找寻中国高校食堂食物浪费的关键影响因素，是解决问题的前提，有助于有效治理发生在该场所的食物浪费，会对食物减损产生十分积极的影响。该部分拟突破传统的研究视角，创新性地从身材管理、饮食文化、中国特色的减少食物浪费政策行动，从而聚焦高校食堂食物浪费影响因素的分析。

第三，判断高校食堂食物浪费造成的环境效应表现如何。随着食物浪费研究领域的深入发展，研究需要从全方位视角来予以分析，结合经济、社会、环境等多层面因素进行考量。基于这一判断，该部分重点考察中国高校食堂食物浪费一系列环境效应，包括生态足迹、碳足迹、磷足迹、氮足迹等。通过聚焦高校食物浪费所带来的负面环境影响，从而丰富这一领域的经验研究。

第四，相应的政策启示与建议。在理论和实证分析的基础上，通过整合一系列研究发现，提炼和总结核心结论，本书拟提出相应的政策启示与建议，从而为《反食物浪费法》在高校场所落地实施提供坚实的实证和经验基础，助力绿色食堂建设和打造更加高效食物供给系统。

二、研究意义

本书的意义主要体现在两个层面：

（一）理论意义

高校食堂食物浪费是全社会食物浪费总量中不可忽视的构成，食堂场所产生的浪费不仅带来了巨额经济损失（钱龙等，2019），也会带来巨大的经济和环境压力（Zhang et al.，2021）。因此，研究高校食堂食物浪费问题及其减量潜能具有重要的学术和理论价值。并且，从欧美发达国家的经验教训看（Mattar et al.，2018；Pinto et al.，2018），随着经济发展和居民生活水平的提升，中国大学生群体的食物浪费数量在未来还可能继续上升（Qian et al.，2021）。因此，就其研究前瞻性而言，我们需要对其予以重视和关注。目前来看，国内对于食物浪费的研究数量不足且缺乏系统性，对于高校食堂食物浪费问题的研究更是较少。因此，为增加这一领域的中国证据，本章聚焦中国高校食堂食物浪费及其衍生的环境效应，分析大学生群体的食物浪费行为，尝试分析中国高校食堂食物浪费的影响因素。本章基于国内唯一一个具有全国代表性的大学生食堂就餐浪费数据，有助于客观、科学地回应上述问题，而且对关于中国社会食物浪费研究来说，是一次研究对象的更新。此外，本书从个体BMI（Body Mass Index）、南北饮食文化差异、"光盘行动"等创新性视角出发，探究高校食堂食物浪费的差异化表现，也有效拓展了食物浪费领域的理论视角。

（二）现实意义

当前，食物浪费现象已经成为一项世界性议题，受到学界和政策层面的广泛关注。作为新兴发展中国家的人口大国，中国社会食物浪费对21世纪的全球食物浪费的产生和减损至关重要。面对气候危机频发、新冠疫情暴发、俄乌冲突等突发事件，如何在百年变革中更好保障全球粮食安全变得更具挑战性。减损就是增产，有效减少消费阶段的食堂食物浪费就显得尤为重要，这也是联合国可持续发展目标（SDG）17个目标的有机构成之一。高校食堂场所的食物浪费，是全社会食物浪费总量的重要构成（Qian et al.，2022），青年大学生作为有知识有文化的未来领导者，也有道德要求成为整个社会开展食物减损的先行者（Secondi et al.，2015）。中国高校数量众多，学生数量庞大，在食堂场所产生的食物浪费不容小觑。作为备受关注的社会热点问题，加强对中国高校食堂食物浪费的研究，不仅有助于了解这一特定场所食物浪费这一现象，识别其带来的经济、社会、环境等维度的影响效应。而且能够发掘关键的驱动因素，找到减少大学生食物浪费的举措和可能的政策着力点，推动《反食品浪费法》在高校食堂的落地实施和实现可持续发展。同时，这对于缓解食物浪费的资源环境压力和更好保障中国粮食安全具有重要的现实意义。

第三节　研究思路和研究方法

一、研究思路

本书选择"中国高校食堂食物浪费研究"这一话题，使用的是全国高校食堂食物浪费的第一手调查数据，从宏观层面对食物浪费总量和结构进行评估，在微观层面，从个体身体审美（BMI）、饮食文化、食物节约运动等视角开展了相应的理论与实证分析。进而对高校食堂食物浪费的环境效应进行评估，并从个体微观特征差异视角开展丰富的异质性分析，本书技术路线如图1-1所示：

具体研究思路是：

第一，进行食物浪费相关理论思考。包括如何认识食物浪费行为、食物浪费的定义和测度的方法，梳理食物浪费领域的学界主流观点，以及认

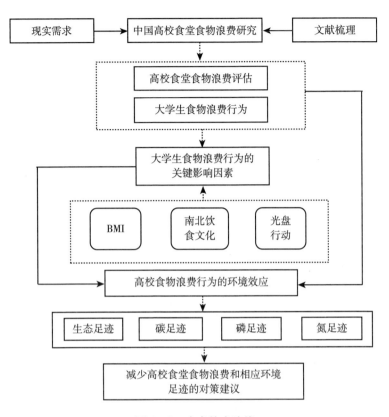

图1-1 本书技术路线

识食物浪费所带来的生态足迹、碳足迹、磷足迹、氮足迹等负面环境效应，为后续实证分析奠定坚实的理论基础。

第二，聚焦哪些因素会影响高校食堂食物浪费行为。本书重点分析了学界有关食物浪费影响因素的主流观点，重点分析了个体特征、家庭特征、餐饮特征、信息干预和区域特征等一系列因素带来的影响。

第三，本书还从个体BMI、南北方饮食文化以及"光盘行动"等视角分析了高校大学生食物浪费行为，涉及个体审美、饮食文化差异和政策干预这三方面关键影响因素。

第四，着重分析高校食堂食物浪费的相关环境足迹，包括生态足迹、碳足迹、磷足迹和氮足迹的研究。

第五，在理论分析和实证研究的基础上，综合梳理各章节研究发现和有益的研究结论，并最终提出缓解食物浪费的对策建议。

二、研究方法

为达到研究目标，本书主要使用以下几种研究方法。

（一）文献分析法

使用该方法，对本领域相关的文献进行系统回顾和评述，紧跟学术动态和研究前沿，使本书在立意、理论等方面具有一定新意。同时，通过搜集和阅读已有的相关文献，对其进行系统的梳理，并掌握当前国内外研究方向和理论演变，以期为本章研究问题的提出、理论分析等提供支撑。

（二）问卷调查法

针对本书的主要研究内容，咨询专家研究制定问卷并在部分高校实行问卷预调查。在反复修改问卷以及对调查员进行流程培训后，在全国范围有计划地进行实地调研，通过对全国 30 个省份的 30 所高校进行了调查，并最终获得了 29 个省份 29 所高校 9192 份大学生的食堂就餐问卷。这为微观层面的行为分析和宏观层面的高校食堂食物浪费规模、结构和环境影响评估奠定了基础。

（三）计量分析法

本书主要使用的计量模型方法包括：

1. 二元 Probit 模型

在分析高校大学生是否有食物浪费行为时，鉴于核心解释变量为二元变量，因此选用这一常用模型来分析关键性因素如何影响高校大学生的食物浪费行为。具体应用章节包括：第五章高校食堂食物浪费的影响因素分析；第六章 BMI 对高校食堂食物浪费的影响；第七章南北方饮食文化对高校食堂食物浪费的影响；第八章"光盘行动"对高校食堂食物浪费的影响。

2. Tobit 模型

在分析大学生当餐食物浪费量、食物浪费率时，鉴于个体本次就餐的食物浪费量是一个非负数，而食物浪费率则在 0 至 1 之间。因此，本章采用 Tobit 模型对大学生的食物浪费量和食物浪费率进行实证分析。该方法广泛应用于本书，具体包括：第五章高校食堂食物浪费的影响因素分析；第六章 BMI 对高校食堂食物浪费的影响；第七章南北方饮食文化对高校食堂食物浪费的影响；第八章"光盘行动"对高校食堂食物浪费的影响。

3. 中介效应模型

中介效应模型是检验作用机制常用的模型之一（温忠麟、叶宝娟，2014）。第七章中分析南北方饮食差异对高校食堂大学生食物浪费行为的影响时，使用南北方区位作为中介变量，引入中介效应模型做了相应的检验。

4. 工具变量法

遗漏变量导致、测量误差和反向因果常常会导致内生性问题，使得研究结论并不可靠。为了克服上述弊端，需要引入合适的工具变量（IV），应用工具变量模型来予以纠正。第六章 BMI 对大学生食物浪费行为的影响的时候，引入了一个独特的工具变量进行了相应的验证。

5. 基于食物生熟系数转化的全生命周期足迹评估

本章借鉴阿德罗杜姆等（Adelodun et al.，2021）、王灵恩等（Wang et al.，2018）的研究，进而利用生食—农产品转换系数加以换算，分别对食物浪费带来的生态足迹、碳足迹、磷足迹、氮足迹进行了评估。

（四）比较分析法

为准确考察个体特征、家庭特征、饮食特征、信息干预和区域特征等作用下大学生食物浪费行为差异，本书广泛应用比较分析法来深化理论和实证研究。通过比较分析探索了不同个体的异质性对其食物浪费行为的影响，推进经验研究走向深入。

（五）规范分析法

规范分析法被广泛应用于本书，基于实证研究发现，本书针对性地提出了多个针对性的对策建议，这些建议有助于减少高校食堂的食物浪费，约束大学生的食物浪费行为，进而减少食物浪费量和产生的负面环境效应。

第四节 可能的创新

本书可能的贡献体现在以下三个方面。

第一，在全社会大力反对食物浪费的时代背景下，本书对高校食堂食物浪费的现实原因、驱动机制和影响效应进行了学理性思考。在学术界较早研究了中国高校食堂食物浪费问题，研究数据更是首份具有全国代表性的调研数据。可以说，本书对全国高校食堂食物浪费调查与分析在领域内具有突破性和引领性。

第二，丰富了青年大学生食物浪费行为的研究视角。除了考察个体特征、家庭特征、餐饮特征等重要因素来研究中国高校食堂的食物浪费现象，本书还从个体BMI、南北方饮食文化以及"光盘行动"等视角分析了对高校大学生食物浪费行为的影响，拓展了相关研究视角，并提供了最新的经验证据。

第三，运用全生命周期思想，评估了高校食堂食物浪费的环境影响。相对于主流文献，本书还重点关注了食物在被浪费之前的全生命周期中嵌入的环境足迹，探寻浪费之中蕴含的资源和能源，这一点尤为不易。此外，除了考察事实上的资源浪费情况，本书也分析了不同特征大学生食物浪费环境足迹的异质性表现，有助于更好理解中国高校食物浪费特征及其资源环境代价，也为食物浪费减量化措施出台提供了针对性思路。

第二章

文献综述与分析框架

本章拟梳理食物浪费的相关文献并进行评述，把握国内外最新研究动态。在此基础上，本书构建了相应的分析框架，凝练、阐述了相应的贡献和创新之处。

第一节 文献综述

一、食物浪费的内涵

对食物浪费进行测度之前，首要的问题是明确食物浪费的内涵，这是后续实践操作和科学研究的前提。通过文献梳理可以发现，国际上虽然对食物浪费已经展开了多方面的研究，但是不同国家和不同的研究领域，对食物浪费的定义和划分标准尚未达成一致意见。联合国粮农组织（FAO）将任何改变食物的可用性、可食性、有益于健康的特性或质量，从而减少了它对人的价值的后果统称为食物损失，将供应链末端消费阶段的食物损失定义为食物浪费（FAO，2013）。欧盟（EC）对于食物浪费的定义是"由未加工或熟食物料组成，包括在家庭膳食准备之前，期间或之后的食物损失，以及在制造，分销，零售和食品服务活动过程中丢弃的食物"（EC，2011），而粮食损失"是指原本可以用于人类消费，但由于质量或营养价值下降使其已不适合人类消费的粮食损失。"在诸多定义中，最被广泛接受的是联合国粮农组织（FAO）2011 年提出的对食物浪费的定义，即食物浪费是在消费环节发生的，在现有条件下可避免的食物损失（avoidable food waste），但一些不宜人类食用的部分（如蔬菜皮、豆渣、骨头不在此食物浪费的范畴之内）（Gustavsson et al.，2011）。2015年，联合国可持续发展目标（SDG. 12.3）也对食物浪费概念进行了界定，将食物浪费定义为零售、公共和家庭消费环节中的食物损失。这两种主流观点虽有所差异，但本质上都认定食物浪费是消费阶段产生的可食用食材损失。

此外，有学者将家庭食物浪费分为两类："可避免的和不可避免的食用食材损失"。食物浪费是可避免的食材浪费，而不可食用的部分，如骨头、壳、果皮等并不包括在内（WRAP，2009；Parfitt et al.，2010）。近些年来，有学者试图重新定义食物浪费。例如，布莱尔等（Blair et al.，2006）从营养健康的角度考虑，将超出身体正常所需能量的过量饮食视为食物浪费。余等（Yu et al.，2020）针对美国家庭食物浪费的研究，以及李丰等（2021）对中国居民家庭食物浪费的研究均采纳了这一概念界定，引入了食物转换效率的概念，并发现采用这一定义时会得到比传统定义更高的食物浪费评估。

二、测度食物浪费的方法

梳理文献可知，目前获取食物浪费数据的常用方法主要有 5 种，包括自我报告法（Van Garde and Woodburn，1987）、考古法（Harrison et al.，1975）、推理法（Xue et al.，2017）、肉眼或者拍照手段的简单估算法（Stancu et al.，2016；廖芬等，2018）和直接称重法（张盼盼等，2018；张丹等，2016a，2016b，2016c）。其中前四种方法属于获得食物浪费数据的间接法，优点是便捷、成本较低，缺点是获取的数据欠缺准确度，而且无法对食物浪费结构进行核算（Wang et al.，2018）。第五种方法属于直接法，其优点是能够获得最新的、更精确的食物浪费数据，有利于推动研究走深（钱龙等，2021），但调查和获取数据过程更加复杂，而且人力、物力、财力等成本也更高。具体研究方法介绍如下。

（一）自我报告法

自我报告法又被称为记账式方法，是指被调查人员以记账或回忆的方式来记录每天丢弃的食物。首次采用自我报告法的是 1987 年的一项研究，该研究对俄勒冈州 243 户家庭进行了个人访谈，连续收集了 7 天的家庭浪费记录（Van Garde and Woodburn，1987）。这种方法可行性高且操作简单，数据较容易获取。但采用这种方法可能会由于调研员培训不规范、记录过程的失误，抑或被访者无法准确回忆而造成偏差。与此同时，被调查人员可能受到调研的干预而改变其日常消费行为，进而影响数据准确度。在最近两年中，由于新冠疫情的影响，在线调查获得自我报告的食物浪费数据比较流行，但通过比较发现，自我报告的食物浪费率通常过低（Vidal-Mones et al.，2021；Schmitt et al.，2021）。

（二）考古法

考古法是指调研人员每天记录并估算垃圾桶中丢弃的食物的种类和重量。调研员每天对被调查家庭中的垃圾桶进行检查，并且对垃圾进行分类，最终得到不同食物浪费重量和浪费比例（Xue et al.，2017）。使用这种方法得出的结果较精确可靠，但工作量较大。此外，这种方法会实质性影响被调查者的食物浪费行为，产生了干预效应。而且这一方法常常会忽略了进入下水道等其他途径产生的食物浪费，导致一定程度的低估。

（三）推理法

推理法指的是利用二手数据，如食物购买和食物消费等数据，采用数学运算差减法计算食物浪费量。例如，江金启等（2018）、宋国宝等（Song et al.，2015）使用 CHNS 数据，对家庭膳食调查表部分中的食物初始存量和库存余量进行差减处理得到家庭食物浪费量。这一方法简便易行，但是可供使用的相关数据集较少，往往研究结果不够准确。

（四）简单估算法

在调查食物浪费时，通常使用的就是简单估算法，调研人员会估计一餐的食物浪费量或者食物浪费率。另外，近两年来，通过拍照、视频等方法记录食物浪费，从而进一步估算食物浪费的方式也非常流行（Boschin et al.，2018）。这种方法的优点是非常便捷，适合较大规模的调查以及长期动态追踪调查，缺点是获得的数据相对比较粗糙，无法体现食物浪费结构，而且往往被质疑数据质量不高（Elimelech et al.，2018）。

（五）直接称重法

调查人员通过电子秤，将餐盘剩余整体进行称重或者按照食物类型分类进行称重，从而获得食物浪费量和浪费结构。近年来，这一方法被广泛应用于食堂和餐饮场所的浪费调查。例如，钱龙等（2021）使用该方法对全国 29 所高校进行的食物浪费研究，王灵恩等（2017）对拉萨餐馆场所食物浪费进行了测度。尽管采用直接称重法得出的食物浪费量最为精确，但是该方法相对耗时、耗力，且难以长期、持续地跟踪被调查者的食物浪费行为。

三、食物浪费现状

食物浪费是一种全球现象（FAO，2013）。据估计，全世界有 1/3 的可食用食物被浪费掉了（Lipinski et al.，2013）。联合国环境规划署最近发布的《2021 年食物浪费指数报告》中显示，全球粮食总产量的 17% 在消费者层面被浪费了（UNEP，2021）。现有研究表明，食物浪费发生在多个场合，主要包括家庭（McCarthy and Liu，2017；Abdelradi，2018；Falasconi et al.，2019）、餐馆（Wang et al.，2017；Xu et al.，2020）和公共食堂，公共食堂包括中小学食堂（Liu et al.，2013a；Liu et al.，2016）和大学食堂（Ellison et al.，2019；Wu et al.，2019）。

以前的研究试图估计全球尺度、不同国家或区域的食物浪费规模。学术界达成的共识是：经济更为发达的国家消费阶段食物浪费更严重。因此，现有的食物消费浪费研究主要集中在西方国家和社区。然而，随着收入的增加和生活水平的提高，发展中国家的食物浪费问题越来越严重（FAO，2021）。此外，近年来新兴国家的相关研究也有所增加

（Aschemann et al.，2019）。表 2 - 1 展示了近年来，全球不同国家针对食物浪费估计的一些研究结果。

表 2 - 1　　　　　　　　各国食物浪费情况

国家	食物浪费	参考文献
英国	每年 420 万吨（家庭食物浪费）	WRAP（2013）
美国	194.5 千克/户/年	巴兹比等（Buzby et al.，2014）
芬兰	23 千克/人/年	卡塔贾尤里等（Katajajuuri et al.，2014）
德国	人均 140 克/周	乔森等（Jörissen et al.，2015）
葡萄牙	小学生每餐每人供应食物的 27.5%	利兹马丁等（Liz Martins et al.，2014）
丹麦	183 千克 ± 10 千克/户/年	艾达伯等（Edjabou et al.，2016）
意大利	中小学生每餐每人所供应食物的 15%	芙拉斯尼等（Falasconi et al.，2015）
澳大利亚	每年家庭废物达 730 万吨	瑞纳德等（Reynolds et al.，2015）
加拿大	3.6 千克/人/周	帕里佐等（Parizeau et al.，2015）
中国	餐厅消费者每餐 93 克	王等（Wang et al.，2017）
西班牙	小学生 60~100 克/人/餐	德确等（Derqui et al.，2018）
埃及	120 千克/家庭/年	阿德瑞迪（Abdelradi，2018）
卡塔尔	男生 980 克/份，女生 757 克/份	阿德拉等（Abdelaal et al.，2019）
荷兰	21.2 千克/人/年	范多恩等（van Dooren et al.，2019）
伊朗	27.6 千克/人/年	法米等（Fami et al.，2019）
中国	大学生 73.7 克/餐	吴等（Wu et al.，2019）
克罗地亚	75 千克/户/年	伊拉克维等（Ilakovac et al.，2020）

四、食物浪费的驱动机制

食物浪费是一个复杂的问题，多种因素相互作用下才导致这一决策或行为（Derqui et al.，2018；林俊帆、张子昂，2023）。因此，一些学者认为，要想实现可持续发展，必须先确定人们浪费食物的动因（Lorenz et al.，

2017；Painter et al.，2016）。了解人们浪费食物的动机，有助于确定影响食物浪费的关键因素（Martin et al.，2014），从而支持提出针对性的措施来减少食物浪费（Stancu et al.，2016）。

现有文献表明，人类的行为决策非常复杂。主观和客观特征，包括人口和经济因素（Bravi et al.，2020；Ilakovac et al.，2020）、饮食文化（Thyberg and Tojes，2016）、社会规则（Halloran et al.，2014）、主观认知、看法和态度（Flanagan et al.，2021）、用餐环境因素（Lam et al.，2010；Wang et al.，2017）、政策约束或信息干预（Pinto et al.，2018；Whitehair et al.，2013），以及其他一系列因素均会影响到食物浪费行为。在不同情况下，上述因素的影响并不一致。但总的来说，学界认可的影响因素可以归结为以下几类。

（一）人口和家庭资源禀赋因素

首先是人口和家庭资源禀赋特征。在研究食物浪费时，不同研究的侧重点不同，对核心影响因素考虑也有所不同。但不论从何种角度出发，基本上认同人口特征、经济特征和社会特征是影响食物浪费的基础性因素（Ilakovac et al.，2020）。已有文献表明，人口统计学特征中年龄、受教育程度、宗教信仰、户籍属性和就业特征等对于食物浪费的影响不可忽视。具体来说，通常表现为年轻人比老年人浪费更多的食物（Secondi et al.，2015），低文化程度人群比高学历人群浪费更多的食物（Wu et al.，2020），有宗教信仰的群体浪费程度更轻（Elhoushy et al.，2021），城市居民比农村居民浪费更多的食物（Min et al.，2021），高收入人群比低收入人群产生的食物浪费更多的食物（张宗利、徐志刚，2021）等等。

（二）膳食知识和环保意识

从已有文献来看，膳食知识认知对食物浪费有显著的负向影响，即膳食认知水平越高，越了解合理饮食、节约食物理念的消费者，其食物浪费率越低（丁圆元，2020）。较高的食物节约意识，以及当浪费食物时产生的愧疚感或罪恶感也会让消费者主动地减少食物浪费（Mattar et al.，2018）。减少食物浪费的一个重要心理因素是扔掉食物时的负罪感（Richter，2017）。当食物浪费发生时，绝大多数人会感到内疚。对环境高度关注的人对自己行为更负责任，同时产生的食物浪费较少（Diaz-Ruiz et al.，2018）。提高消费者环保意识，使其更加准确地了解食物浪费所带来的负面环境效应，例如，对投入的水土资源的浪费，带来的重金属污染和温室气体排放等等，同样会促使消费者主动地减少食物浪费（Flanagan et al.，2021）。

（三）文化背景及饮食文化差异

正如一些跨国研究发现的那样，不同国家的消费习惯、饮食文化之间存在着较大差异（Elshaer et al.，2021），这就导致了不同国家居民对食物浪费的不同行为（Elimelech et al.，2018）。甚至在同一个国家内部，不同地区的饮食文化也有差异。以我国为例，中国是一个地域辽阔的国家，不同地区人民的餐饮习俗和饮食文化有很大差异。其中，经常被提及且很难被忽视的就是南方人和北方人的饮食差异（Talhelm et al.，2020）。南方是水稻种植区，人们的主食主要是米饭，北方是小麦种植区，日常生活中人们更多吃面粉。钱龙等（Qian et al.，2022）也证实，南北方不同饮食文化确实带来了差异化的食物浪费表现。

（四）信息干预或政府规范

食物浪费是一种有负外部性的经济社会行为，需要给予一定的干预。从目前来看，信息干预是可行的举措之一。一些研究表明，开展节粮宣传活动有助于提高人们对节粮减损的关注，提高勤俭节约意识，从而减少食物浪费（Whitehair et al.，2013；Pinto et al.，2018）。部分西方发达国家还提出了全国性的食物节约运动，如英国的"Love Food，Hate Waste"，丹麦的"Stop Wasting Food"等食物节约倡议，均取得了较好的食物浪费减量效果（Halloran et al.，2014）。但来自中国的经验证据表明，政府广泛宣传的食物节约运动并没有取得预期效果（王志刚等，2018）。此外，政府规制政策也可能对食物浪费有影响。例如，瑞典威灵厄市（Vellinge）自2012年实施强制垃圾分类后，家庭食物浪费量已经下降了10%~20%（Miliute et al.，2015）。

五、食物浪费的负面效应

(一) 对食物供给安全有不利影响

食物浪费是影响全球食物安全的重大不利因素之一（张宗利、徐志刚，2021）。在新冠疫情的影响下，全球饥饿人口大约占到总人口的1/10。如果考虑受到中等或严重食物不安全水平影响的人口，那么全世界估计有20亿人无法获得安全、营养和充足的食物。据联合国粮食和农业组织（FAO）预测，2012～2050年，人口增长和收入增长将导致全球农产品需求增长35%～50%，这使得保障全球食物安全面临巨大的压力（FAO，2019）。

保障全球食物安全需要拓展思路，除实现食物稳定供给和提升供给能力以外，还应本着减损就是增产的新思路，尽可能减少消费阶段的食物浪费。以中国为例，中国农业大学的一项研究指出，中国人一年浪费的食物足以养活2.5亿～3亿人。[①] 中国科学院地理科学与资源研究所发布的《中国城市餐饮食物浪费报告》显示，中国城市餐饮业食物浪费量大约为1700万～1800万吨，相当于3000万～5000万人一年的食物需求。[②] 从上述研究来看，如果这些被浪费的食物能够好好利用，那将极大地缓解食物短缺和可能的食物不安全。家庭场所产生的食物浪费规模巨大，江金启等（2018）基于CHNS推算出，中国居民家庭每年大约会浪费1055.60万～1501.55万吨食物，相当于当年粮食产量的4.47%～5.2%被白白浪费。因此，着力减少食物浪费对于保障中国的粮食安全也至关重要。

(二) 食物浪费带来经济损失

无论是在国家层面、社会层面还是个人层面，食物浪费都直接导致了经济上的损失。例如，2010年美国零售业和消费者层面上31%的可供食品

[①] 资料来源：政协常委武维华：全国每年浪费的食物能养活3亿人［N］. 人民政协报，2010 - 03 - 10.

[②] 资料来源：食物浪费有多严重？数据触目惊心［EB/OL］. 中国产业经济信息网，2020 - 08 - 13.

未被食用，根据当时的零售价格估算，这些食物浪费造成的经济损失高达1616亿美元（Buzby et al.，2014）。在中国，每年因食物浪费产生的经济损失也很大，据估计，由于食物浪费而导致的损失高达2000亿元（Li et al.，2019）。根据意大利一家零售商店2015年的食物浪费记录，该商店当年产生的食物浪费量为70.6吨，价值约17万欧元（Cicatiello et al.，2017）。在微观层面上看来，消费者对食物浪费有更直观的把握，应该有动力尽量减少食物浪费。但就目前来看，许多家庭减少食物浪费的动机并不强，越是富有的家庭，食物浪费率越高（Min et al.，2021），对食物浪费越不敏感。这可能需要政府出台累进制税收（如食物浪费税）和强制性规制措施进行干预，例如法国、意大利、韩国等国家已经出台了针对食物浪费的惩罚性措施。中国也于2021年出台了《反食品浪费法》，是世界上第四个对食物浪费进行立法的国家。

（三）食物浪费对资源环境有负面影响

除关注食物浪费对粮食安全和经济产生的不利影响，国内外学界还十分重视食物浪费对资源消耗以及环境的影响。食物浪费不仅意味着食物生产阶段所投入的水、土、化肥和其他投入要素的浪费，而且引致了相应的水、生态、碳、磷、氮等足迹。例如，基于中国健康与营养调查（China health and nutrition survey，CHNS）数据库对中国家庭食物浪费的一项研究表明，中国居民家庭场所人均每年浪费16千克食物，相当于40千克二氧化碳的排放量和18立方米水的额外损耗（Song et al.，2015）。不仅如此，对丢弃食物的处置过程也会带来额外的环境负担，比如重金属污染和以二氧化碳为代表的温室气体排放等。据估计，全球每年食物浪费碳足迹约为44亿吨二氧化碳当量（CO_2eq），占全球温室气体排放的8%（FAO，2015）；另一项研究指出，全球食物系统每年的排放相当于180亿吨二氧化碳当量，占温室气体排放总量的34%（Crippa et al.，2021）。丁珊（2015）估算了中国居民家庭场所的食物浪费及其产生的甲烷排放量，研究结果显示，如果这些浪费的食物全部被填埋，相当于额外排放了0.19亿吨的二氧化碳。综上所述，浪费食物需要付出巨大的资源环境代价。

六、简要评述

通过以上文献综述可以看出，关于不同地区、不同群体、不同场所食物浪费的研究越来越多。然而，关于食物浪费的定义，已有研究尚未形成统一定论，这在一定程度上导致研究结果之间的横向对比变得困难。为此，本章采纳 FAO 对食物浪费的界定，仅将消费环节的食物丢弃视作食物浪费。此外，获得准确的食物浪费数据一直是本领域难题之一。目前大多数文献采用自我报告法、考古法、推理法、简单估算法等间接方法来进行估算。上述方法省时省力，但往往原始数据质量不高，无法反映食物浪费的最新变化与结构性特征。经过对比分析后，本章采用直接称重法，通过人工收集餐盘剩余和分类称重获得第一手的食物浪费数据。尽管该方法耗费时间、人力成本较高、实践操作繁杂，但可以获得食物分类清晰、重量精确的数据。

在对食物浪费的影响因素研究中，前期文献得到了大量有益的成果。一些文献表明，年轻人比老年人浪费更多的食物。因此，之前的研究主要关注年轻人的食物浪费，尤其是最近引起了相当大关注的大学生，但在作为新兴国家的中国却很少有相关研究。梳理已有文献，本书开展高校食堂食物浪费有以下四个考量。第一，新兴国家的食物浪费研究相对较少，然而日益攀升的食物浪费数据却给我们敲响了警钟。中国经济的快速发展和居民生活水平改善带来的浪费，加上 14 亿多的庞大人口，使得中国社会的浪费问题不仅关乎中国本身，也会对全球粮食安全和可持续发展的实现至关重要。第二，文献综述表明，在发达国家，青年群体的浪费食物的现象非常普遍。然而，人们对中国青年浪费食物的行为知之甚少，亟须针对性的研究来加强中西方的比较分析。第三，之前的研究试图从人口统计、经济特征和社会特征等传统影响因素的角度来解释食物浪费行为。然而，尚未有研究从个人审美、饮食文化差异、食物节约运动（信息干预）的角度分析中国社会的食物浪费议题，这些重要因素对食物浪费的影响尚未得到充分探讨。我们相信，本书从这些独特的角度调查食物浪费问题是全新的尝试，会丰富这一领域的理论和经验研究。第四，对中国高校场所食物浪费相应的环境足迹知之甚少，相应的评估罕见。目前，已有文献主要对中国居民家庭、餐馆场所的各类足迹进行了分析，涉及中国高校场所的相关研究相对来说是一个盲点，一些特定种类的足迹从未被科学评估过。

第二节　分析框架

为更好地理解中国高校食堂场所的食物浪费，本书拟构建"关键影响因素（驱动机制）—食物浪费行为—食物浪费环境效应"的分析框架来分析中国高校食堂的食物浪费及其环境效应（见图2-1）。

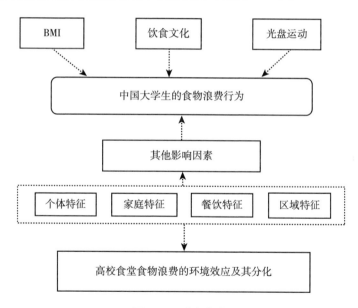

图2-1　分析框架

青年大学生是高校食堂食物浪费的主体，和其他人群相比，这一群体的食物浪费行为有一定独特性，需要充分考虑到这一群体食物浪费的动机差异。常规研究主要考察个体特征、家庭特征、餐饮特征等维度因素带来的影响，比较多地讨论了年龄、性别、文化程度、家庭经济水平、家庭人口结构、膳食营养知识、环境认知、就餐物理环境、食物质量和满意度等因素如何影响食物浪费。与主流文献不同，本书重点从身体质量指数（body mass index，BMI）、南北方主食文化差异、食物节约运动三个视角，对中国大学生的食物浪费行为进行分析，从同伴效应、饮食文化、信息干预等几个维度提供了理解高校食堂食物浪费的独特视角。

首先，之所以从 BMI 视角出发，是因为青年大学生在校园内部过着群体生活，每一个人的行为都会受到身旁其他人的影响，即存在显著的同群效应。在后消费时代，身材管理和身材焦虑日益增加，青年群体十分在意自己的 BMI。而刻意的身材管理可能会对大学生的食物消费和食物浪费行为产生影响，基于这一个判断，本书从 BMI 视角来分析个体的食物浪费行为，提供了 BMI 影响大学生食物浪费行为的首个微观证据。

其次，之所以从饮食文化视角出发，是因为中国南北方存在差异化的种植模式，从而引发了南北方系统性的主食文化差异。由于地理和气候差异，中国北方主要种植小麦，中国南方则更多种植水稻。这就导致中国南方形成了以米饭为主的饮食模式，北方则形成了以面粉为主的饮食模式。已有文献虽然提及，跨国饮食文化差异可能会影响食物浪费，但是聚焦一国之内区域性饮食文化差异如何影响食物浪费的还不多见。本次调查涉及中国南北方多所高校，学生也来自南北方，这就为本书从南北方饮食文化差异对大学生食物浪费行为的影响提供了数据基础。

最后，从以"光盘行动"为代表的食物节约运动角度来分析食物浪费。早在 10 多年前，中国社会就发起了声势浩大的食物节约运动，"光盘行动"深入社区、公共食堂、医院和政府机关等多个场所。在教育部门的统一安排下，各级各类学校也是宣传"光盘行动"的主要场所，也包括中国高校在内。由于"光盘行动"的积极宣传，中国大学生或多或少地接触到这一信息干预，只是程度有所不同。作为中国社会最广为人知的食物节约运动，其效果究竟如何，尚未可知，值得开展严谨的研究，来验证这一信息干预是否是有效的。为此，本书选择从"光盘行动"的视角来考察中国大学生的食物浪费行为。

第三章

高校食物浪费调查的开展

第一节　调查学校的抽取

联合国粮农组织（FAO）发布的一份报告称，全球每年约三分之一的食物被浪费掉，每年都有价值超过 1 万亿美元的 13 亿吨粮食被白白损耗或浪费，而这些食物本来可以养活更多的人口（Lipinski et al.，2013）。与此同时，据联合国粮农组织、国际农业发展基金、联合国儿童基金会、世界卫生组织和世界粮食计划署五家联合国机构共同发布 2023 年《世界粮食安全和营养状况》统计，2022 年全球仍然有 7.83 亿人处于饥饿状态，即约每 9 人中就有 1 人在挨饿①。因此，如何减少食物浪费和更好地保障全球食物安全就成为了一项世界性议题。

早在 20 世纪 70 年代，欧美日等发达国家就开启了食物浪费研究。近年来，这一领域则受到了空前重视。不仅学术界进行了丰富的研究，对居民家庭、超市和零售企业、学校、医院、餐饮服务业等主体的食物浪费行为进行了大量调查和分析，而且政府和社会组织也发起了多项致力于减少食物浪费的活动，如英国的"WRAP 计划"、日本的"4R 计划"、丹麦的"We food

---

① 资料来源：联合国报告：2022 年全球饥饿人口达 7.83 亿人［N］. 北京日报客户端，2023 - 07 - 12.

行动"（王灵恩等，2015）等等。相对而言，中国的食物浪费研究起步较晚，针对各类主体食物浪费行为和各类场所食物浪费调查还很少。较大规模的调查，目前只有中国科学院地理科学与资源研究所成升魁团队开展的城市餐饮业行业食物浪费调查。其他一些全国性调查，如用中国营养与健康调查（CHNS）数据也只是简单询问了居民家庭的食物浪费行为（Song et al.，2015；江金启等，2018），相关问题有限，很难开展详尽的研究。关于中国高校的食堂浪费，目前多数文献仅仅以某一个或几个高校为例进行了小样本调查（樊琦等，2016；李丰、钱壮，2018；Wu et al.，2019）。

　　为了更为准确地把握中国高校食堂的食物浪费，在粮食公益性行业科研专项项目"粮食消费环节损失浪费调查评估研究"的支持下，课题组开展了主题为"中国高校食堂食物浪费调查"的全国性调查。2017年6月，首先在南京财经大学开展了为期20天的预调查。在预调查的基础之上对调查问卷进行了修正与完善，并有效培训了调研人员。考虑到南北饮食差异，2018年5月，课题组又选择河南省的河南财政金融学院进行了第二次预调查，对调研问卷进行了再次修正和完善。2018年6月，全国性的高校食堂食物浪费调研正式启动。2018年，中国有各类高校2852所，受限于经济和人力，课题组只能按照"1省1校"的原则，对除西藏、港澳台外的30个省（区、市）的30所高校进行了典型问卷调查。除个别外，在大多数高校采集300～350份左右的个人食堂就餐浪费问卷。此次调查的学校，既包括生源相对多元化的全国重点大学，也包括生源主要来自本地的地方性普通院校，以及居于两者之间的区域性一本批次高校。因此，样本覆盖相对全面。

　　为获得中国高校食堂食物浪费的第一手数据，课题组在社会网络的帮助下，按照"1省1校"的原则，于2018年开展了"中国高校食堂食物浪费调查"的正式调查。由于河南省的正式调查遭遇困难，且有效样本较少，因此最终样本中没有保留河南省高校样本。经过2个多月调查，最终获得29个省份29所高校的大学生食物浪费数据，涉及东部11个省份、中部7个省份、西部11个省份。据我们所知，这是国内目前覆盖范围最广的针对中国大学生食物浪费第一手调查。

　　经过两个月左右的调研，在19名培训员和300名调查员的共同努力下，课题组累计称重 30000 余次，最终获得了 9192 份有效问卷。被调查高校的具体分布如表 3-1 所示。

表 3-1　　　　　　　　　被调查高校分布情况

序号	省份	学校	样本量	序号	省份	学校	样本量
A		东部	3764	B.4	湖南	湖南大学	325
A.1	上海	上海财经大学	278	B.5	山西	山西财经大学	306
A.2	江苏	南京邮电大学	596	B.6	吉林	吉林大学	360
A.3	浙江	湖州师范学院	304	B.7	黑龙江	哈尔滨工业大学	296
A.4	北京	北京师范大学	326	C		西部	3432
A.5	天津	天津财经大学	300	C.1	陕西	陕西师范大学	317
A.6	河北	河北大学	308	C.2	甘肃	兰州理工大学	330
A.7	山东	山东财经大学	300	C.3	宁夏	宁夏大学	300
A.8	辽宁	沈阳理工大学	350	C.4	青海	青海师范大学	300
A.9	广东	深圳大学	348	C.5	内蒙古	内蒙古工业大学	300
A.10	福建	厦门理工学院	331	C.6	新疆	石河子大学	300
A.11	海南	海南大学	323	C.7	四川	四川农业大学	329
B		中部	1976	C.8	重庆	重庆理工大学	365
B.1	安徽	宿州学院	300	C.9	贵州	贵州大学	309
B.2	江西	江西农业大学	298	C.10	广西	广西大学	302
B.3	湖北	武汉轻工大学	91	C.11	云南	西南林业大学	300

第二节　问卷调查过程

问卷由两部分组成：第一部分是背景信息，包括个体人口和经济社会特征、家庭层面特征、餐饮特征和区域性因素；第二部分主要涉及食物浪费垃圾的成分和重量信息。被浪费的食物种类，参照以往研究的做法，分为大米、小麦、猪肉、牛羊肉、家禽、水产品、蛋制品、豆制品、蔬菜和水果十大类（Qian et al., 2021；Wang et al., 2017）。这些食物在中国各地的大学中均较为盛行，也是中国人日常饮食中的主要食物构成。

为获得尽可能多的质量好、覆盖面广、代表性强的样本，我们将被调查大学的最小样本量设置为 300 个。对于学生人数较多的大学，最小样本量设置为 350 人。平均每所大学招募 11 名学生负责调查，其中包括 1 名监督员和 10 名调查员。他们被招募和培训，以在每所大学进行 300～350次随机抽样调查。调查人员仅在饭后才接近该大学生，以减少研究意识可能导致的偏见和行为变化。在每所大学，训练有素的调查人员从周一到周日进行调查，以捕捉潜在的日常食物浪费差异（Wang et al.，2017）。被调查学生是在调查过程中随机抽取愿意与调查人员合作的学生。为避免重复，我们训练有素的调查员在调查过程中严格遵守程序。受访者将首先被问及他们之前是否参与过我们对食物浪费的调查。如果之前参加过，调查员会通知他们不能再参加了。由于相当比例的大学生不在食堂吃早餐，调查仅涉及午餐和晚餐，这与斯泰伦博斯大学以及堪萨斯州立大学的研究保持一致（Whitehair et al.，2013）。

调查过程大致如下：在抽样高校，课题组招募 10 名调查员。接受过系统培训和预调查实践后，参照德确和法兰德（Derqui and Fernandez，2017），调查员在学生大规模就餐前一小时提前到达食堂场所，事先购置当天食堂各个窗口提供的菜品和主食各一份，并使用电子秤来预先称重，获得每一类食材的标准重量[①]。如此，在拿到某一大学生餐盘剩余时，就能反向推测出其本餐次购置的饭菜重量（Qian et al.，2021）。

学生用餐完毕后，第一步，调查员首先征得调查对象的同意。一旦获得许可，受访者的个人信息就会被收集并记录下来。第二步，调查员收集并分类每个受访者的浪费食物。如前所述，剩菜的食材会被分为十个项目。第三步，食物垃圾被手工分类，并用精度能够达到小数点后三位的精密电子秤称重，以提高数据准确性。两名调查员合作完成餐盘剩余的称重和数据记录过程。一名调查员负责清洁剩余的盘子、分类和称重。另一名调查员监督上述过程并给予必要的提醒，并负责用每种食品的浪费数据填写问卷。第四步，通过将每个食物成分的重量相加得到食物垃圾的总重量。这与部分研究只是泛泛称取食物浪费总量并不相同，我们的优势是能

---

① 与已有文献一致，考虑到大学生早餐较为简单，食物浪费也不太多，因此此次调查只涉及午餐和晚餐。

够更好剔除不可食用部分，并且能够获得具体食材被浪费的情况，从而得知食物浪费的结构。团队训练有素的调查人员在近两个月的时间里，我们对这些大学生就餐的30000多个餐盘中剩余饭菜进行了称重，累计获得了9192名大学生的有效问卷。据我们所知，这是国内第一次关于高校食堂食物浪费的全国性调查。

第三节　数据收集

此次调查的关键是收集青年大学生食堂就餐的食物浪费情况，但准确获得这一数据十分困难。首先是要明确食物浪费的内涵。当前，依据不同的需要，不同文献对这一概念的界定并不一致（高利伟等，2015，王灵恩等，2022）。其次，确定采纳何种方法来获得食物浪费数据。从已有文献来看，学界主要运用记账式法（Wenlock et al.，1980）、"考古学"方法（Harrison et al.，1975）、餐盘剩余称重法（张盼盼等，2018；张丹等，2016a，2016b）、二手数据推断法（Muth et al.，2011）、自我估算剩余法（Stancu et al.，2016；廖芬等，2018）这5类主流方法，5类方法各有优劣。

一、食物浪费的界定

对食物浪费进行测度，首要的问题是明确食物浪费定义，进而方便实践中进行操作。通过文献梳理，发现已有研究没有形成一致结论（Pinto et al.，2018；Thyberg et al.，2016）。这里采纳学界主流定义，即联合国粮食及农业组织（Food and Agriculture Organization of the United Nations，FAO）给出的定义：食物浪费是现有条件下可以避免的食材损失（avoidable food waste），是消费环节能够避免的食物损失（FAO，2013），但一些不宜人类食用的部分（如蔬菜皮、豆渣、骨头）不在食物浪费的范畴之内（Wang et al.，2017）。因此，本书所言的食物浪费仅是消费阶段的，不涉及食物准备阶段产生的浪费。此外，为与已有文献更好比较，此次统计的食物浪费不涵盖饮料、汤汁、油料、牛奶等液体成分（Whitehair et al.，2013；Falasconi et al.，2015），只是食物浪费中的固体成分。

二、获取食物浪费数据的方法

准确获取在食堂就餐的大学生食物浪费数据是一项挑战。除了明确食物浪费的含义（Thyberg et al.，2016；Xue et al.，2017），还要确定获取餐厨垃圾数据所采用的方法。通过文献梳理，发现许多研究使用自我报告的方法（Stancu et al.，2016；Young et al.，2018）、历史记账法（Carolan et al.，2021）、二手数据推断法（Xue et al.，2017）、拍照和视频推断法（Martins et al.，2014）等间接方式进行估算。此外，一些研究还采用了视觉估计和数字摄影方法（Lorenz et al.，2017）。虽然上述方法省时省力，但缺点也显而易见，即无法获得高质量的原始数据，无法反映食物浪费的最新变化与结构性特征。然而，很少有研究人员选择使用直接称重方法（Painter et al.，2016），因为它既费时又费力。然而，该方法却在数据准确性上有优势（Li et al.，2021；Xue et al.，2017），能够更客观地测度个体食物浪费量，有利于数据更新和推进这一领域的研究。

有鉴于此，本章采纳直接称重法，通过手工收集餐盘剩余和分类称重，进而获得第一手的食物浪费数据。虽然这一方法耗时耗力，实践操作繁杂（Qian et al.，2021），但却是获得最新的、较为准确的食物浪费数据（包括总量、结构）的不二选择（Wu et al.，2021）。因此，本章最终采用直接方法来尽可能准确地获取食物浪费数据。按照德确和法兰德（Derqui and Fernandez，2017）的做法，调查人员在午餐或晚餐时间前一小时到达被调查的食堂。于是，他们有足够的时间来完成准备工作：采购食堂的所有餐食，将食物成分分类，并用电子秤称重，得出每个类别的标准重量。由于食堂提供的每种食物都是标准化的，因此很容易通过将个人购买的食物重量相加得到总标准重量（Visschers et al.，2016；Wang et al.，2017）。

不同于以往研究只是笼统地称取和获得餐后剩余食物总重量，本章采纳了更加科学的分类称重，去除非食物类杂质和液体后，加总获得单个大学生的餐盘食物浪费量。借鉴已有文献，此次调研将餐盘剩余归类为大米、小麦、猪肉、牛羊肉、家禽、水产品、蛋制品、豆制品、蔬菜和水果十大类（Qian et al.，2021；Wu et al.，2021；Wang et al.，2017）。通过灵敏的电子秤予以分类称重，单位为克，并精确到小数点后2位①。为保障数据质量，课题组会选派人员对调查员进行培训，帮助他们熟悉操作流程。除2名调查员互相配合、相互监督外，课题组还在每一所高校招募1名督导员，全程给予监督、指导，以尽可能保障数据质量。

---

① 据我们所知，本章所获取的数据在精确度方面是领先已有研究的。

第四章

中国高校食堂食物浪费测度

对整体样本的统计结果表明（见图4－1），高校食堂食物浪费现象十分普遍，大约有74%的大学生有食物浪费行为。浪费程度方面，就餐后每人每餐食物浪费量为61.03克，浪费率则达到了12.13%。这略低于基于北京六所高校研究得出的数据73.7克（Wu et al.，2019）。这可能是因为吴等（Wu et al.，2019）的调查发生在经济发展水平高于中国平均水平的中国首都北京。与北京的调查相比，本章的结论是基于全国调查。因此，该数据更能代表中国高校的整体情况。

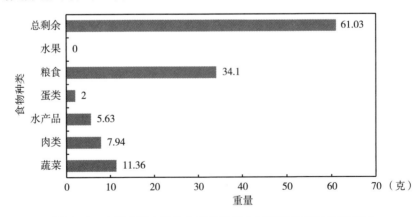

图4－1 中国高校大学生食堂就餐每人每餐平均浪费食物重量

另外，张等（Zhang et al., 2021）基于武汉市 7 所高校 2019 年共 1612 份加权样本和 1222 份问卷，得出武汉市大学生人均每餐产生 135 克 ± 114 克食物浪费，这与本章的结果差值较大，可能原因是我们测度食物浪费时剔除了不可避免的食物浪费，如骨头、皮，也不包括汤汁等液体，而张等（Zhang et al., 2021）的研究中，对食物浪费界定比较粗糙，既包含了不可食用的废弃物，也包括液体废弃物，从而导致数值偏大，标准差很大。

此外，与其他群体或场景下的食物浪费研究相比，大学生在高校食堂就餐时的浪费还有以下三个特征。

第一，在浪费量层面，高校食堂浪费比家庭浪费更严重，但是比餐馆浪费更少。例如，餐馆浪费方面，根据对中国四个城市 195 家餐馆的调查，发现中国消费者在餐馆用餐时人均每餐食物浪费量为 93 克（Wang et al., 2017）。张丹等（2016a）对北京市餐饮业的调查发现，餐馆就餐食物浪费达到人均每餐浪费量为 74.39 克。张盼盼等（2018）重点分析了旅游城市的餐馆浪费，发现旅游者在外就餐时候，人均每餐食物浪费量（96.54 克）显著高于非旅游者人均每餐的食物浪费量（73.79 克）。居民家庭食物浪费方面，江金启等（2018）根据中国营养与健康调查（CHNS）1991～2009 年数据，证实中国居民在家庭场所人均每餐浪费量为 29 克，浪费率约为 3%～5%。同样，闵帅等（Min et al., 2021）根据 CHNS2004、CHNS2006 和 CHNS2009 的调查数据得出的结论是，家庭每天人均厨余重量为 42.56 克。基于 207 名中国山东省农村居民的调查，则发现农村居民家庭每餐仅产生 8.74 克的食物浪费（Li et al., 2021）。王灵恩等（2022）于 2018 年春节期间入户称重调研，获得连续 3 天 192 户 1728 餐居民家庭食物消费的一手数据，得出春节期间，人均每餐食物浪费量为 30.72 克。因此，通过研究不难证实，中国大学生在高校食堂产生的浪费多于居民家庭，但显著少于餐馆餐厅等商务型场所。

第二，在食物浪费率层面，与家庭层面的食物浪费相比，高校食堂的食物浪费更加严重。如李丰等（2017）基于对 25 个省份的 1596 户农村居民家庭食物浪费行为进行了调查，发现农村家庭的平均食物浪费率为 2.4%。江金启等（2018）基于 1991～2009 年中国营养与健康调查（CHNS）数据，发现中国城乡居民家庭有食物浪费的比例为 65%，平均食物浪费率在 3%~5%。罗屹等（2022）基于 2016 年中国 28 个省份 1562 户农户调查数据，得出中国农村家庭平均每天浪费 1.62% 的食物。朱美義等（2022）基于中国 28 个省份 1479 户农村家庭调查，发现中国农村家庭食物浪费比例为 2.70%。钱龙等（2021）基于 26 个省份的 1675 份问卷，重点考察了农村居民的主食浪费，发现农户主食浪费情况并不严重，平均每餐米制品主食浪费率为 3.47%，面制品主食浪费率为 3.20%。由此可见，相比居民家庭的食物浪费，高校食堂的食物浪费更加严重。

但是和餐馆就餐相比，高校食堂的食物浪费率更低。食堂就餐和餐馆就餐均属于外出就餐，也有必要进行比较。成升魁研究员所带领的团队 2015 年对北京、上海、成都、拉萨四个代表性城市的 366 家餐馆进行了调研，并出版了《中国城市餐饮食物浪费报告》。该报告指出，城市餐饮业人均食物浪费量为 93 克/餐，浪费率大约为 11.7%。徐志刚等（Xu et al.，2020）根据对北京和拉萨 171 家餐馆的调查，报告人均每餐浪费 172.3 克食物，人均食物浪费率为 18%。结合上述调查，不难发现高校食堂就餐的人均浪费量远低于餐馆就餐时产生的食物浪费，是一种相对节约粮食的外出就餐模式。这与预期判断一致，也符合中国的实际情况。毕竟食堂就餐通常是简餐，在餐馆就餐时更多是商务宴请类的，由于面子文化和吃饭的目的不同（汤夺先、王莽，2021），通常会点得更多、吃得更为丰富（曹世阳，2021）。但是，食堂就餐的食物浪费率并不比餐馆就餐低，反而比餐馆就餐的浪费率略高，表明中国高校食堂的食物浪费同样不容乐观。

第三，中国大学生比西方大学生浪费更少的食物。调查显示，平均而言，中国大学生人均每餐食物浪费为 61.03 克，其中，以大米为食的南方人比以小麦为食的北方人浪费更多的食物。南方人每餐的食物浪费重量为 68.56 克，北方人为 53.88 克。但是与西方同龄人相比，上述浪费量还是偏少的。例如，格劳恩克和威尔基（Graunke and Wilkie，2008）发现美国大学生人均每餐浪费大约 444 克食物垃圾。平托等（Pinto et al.，2018）报告称，葡萄牙里斯本大学的大学生每餐产生约 458 克的食物垃圾。此外，佩因特等（Painter et al.，2016）的研究发现，南非大学每名学生每天浪费 555 克（包括三餐）。因此不难发现，一些经济状况较好的国家的大学食物浪费问题比中国大学更严重。中西方大学生食物浪费规模有较大差异，可能的原因有两点。一是中国经济发展水平与西方发达国家的差距。许多研究表明，个人或家庭的收入水平越高，在不同场合产生的食物浪费就越多（Buzby and Hyman，2012；Stancu et al.，2016）。来自中国的研究也发现，随着时间推移和居民生活条件的改善，确实产生了越来越多的食物浪费（孙子烨、余志刚，2022）。当前，在中国居民的收入和生活水平仍远低于西方发达国家的情况下，中国大学生产生的浪费更少，也是非常合理的。二是中西方大学生人均浪费食物量的差距，可能是由于中西方国家的饮食结构存在显著差异。无论是中西方饮食的食材来源和结构，还是烹调方法，双方都有很明显的差异。因此，不同的饮食文化带来的差异可能是一个重要原因。虽然已经有研究证实，跨国饮食文化是造成食物浪费的重要原因（Qian et al.，2022），也有涉及中国国内南北方饮食文化带来的食物浪费差异（钱龙等，2021）。但是，中西方饮食文化差异如何影响食物浪费仍然是一个空白，这一猜测尚未得到跨国研究的证实。

第二节　高校食堂食物浪费结构及其规模

一、食物浪费结构

就食物浪费的构成而言，本书证实中国大学生在高校食堂就餐时浪费最多的食物是主食（55.87%），其次是蔬菜（18.61%）（见图 4 - 2）。这项研究表明，主食和蔬菜是浪费最多的食物，这证实了北京六所学校的一项试点研究（Liu et al.，2016）和对北京六所大学 551 名学生的调查（Wu et al.，2019）的结果。王灵恩等（2017）调查了中国四个城市的餐馆中消费者的食物浪费，也发现浪费最多的食物是蔬菜和主食。此外，王灵恩等（2021）在全国典型地区（北京、上海、四川、山东、河南和西藏）获取居民食物浪费的一手数据，在全国尺度上测算了消费端食物浪费规模和结构，也发现总的食物浪费构成中，粮食浪费量占比最高（35.44%）。表明高校食堂食物浪费的结构和其他情景下的食物浪费大致保持一致，这说明中国人的消费习惯在差异化情景下保持高度一致，主食加蔬菜是最主要的能量来源。

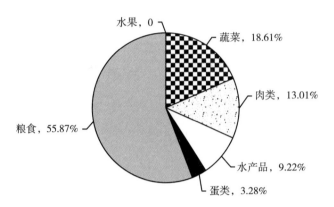

图 4 - 2　全国高校食堂食物浪费构成

调查还发现，豆制品和水产品的组合占食物垃圾总量的 9% ~ 10%，分别排在第四和第五。肉类浪费相对较低，浪费的蛋制品仅占总量的 3.28%，可能的原因是大学生都处于青春期，对能量的需求很高，肉类作为相对高级的食物，一般不会被剩下（Wu et al.，2019）。蛋制品的浪费也很少，水果的浪费基本为零。这与王灵恩等（2017）的研究保持高度一致，他们发现餐馆就餐时候水果的损耗为零，水果是中国消费者浪费最少的食物。因此，肉、蛋制品和水果是中国大学生浪费最少的食物。

通过文献梳理，发现西方大学生和中国大学生食物浪费的一个共同特点是：用餐时浪费的主食和蔬菜通常比其他类别的食物更多。例如，拉扬等（Rajan et al.，2018）发现，在加拿大北不列颠哥伦比亚大学，淀粉类谷物垃圾是消费后餐盘碎屑的最大比例（28%），其次是水果和蔬菜（20%）。帕菲特等（Parfitt et al.，2010）和范多恩等（Van Dooren et al.，2019）发现蔬菜、主食和水果是发达国家浪费最多的食品，尽管他们的研究不限于大学。尚克斯等（Shanks et al.，2017）进行了文献分析，回顾了1978 ~ 2015 年发表的 53 篇论文，他们还发现水果和蔬菜是西方学校日常浪费的最大来源。由于西方的餐盘浪费主要包括主食、蔬菜和水果，因此合乎逻辑的结论是中西方对主食和蔬菜的浪费都比较严重，但水果是西方的主要浪费食品，但对中国而言水果并不是食物浪费的重要构成。

造成这种差异主要是由于中西方的饮食文化不同。高校食堂就餐时，中式餐饮服务很少在用餐时提供水果或在餐后提供少量水果，多数情况下，大学生需要到超市或者其他场所自行购买水果。但在西方，水果经常出现在菜单上，食堂的水果种类也相对丰富，是学生日常食物的重要组成。这可能是中国大学生在食堂就餐时候很少浪费水果，而西方大学生浪费大量水果的关键原因。

二、食物浪费规模

对中国高校食堂食物浪费规模进行有效估算是本书的出发点之一，这里使用三种口径予以推算（见表4-1）。[①]

表4-1　　　　　　　　　高校食堂食物浪费规模估算

食物浪费规模测算视角		大学生人均每餐食物浪费量（克）	全国在校生平均每天食物浪费量（吨）	大学生人均每年浪费食物量（千克）	全国在校生每年食物浪费量（万吨）
平均值		61.03	4516.22	3.37	124.20
午餐		64.02	4468.86	3.32	122.89
晚餐		56.76			
工作日	午餐：65.06		4561.73		
	晚餐：58.23			3.30	122.08
周末	午餐：61.31		4233.91		
	晚餐：53.12				

方式一，对整体样本的统计分析表明，在校生每人每餐平均浪费量达到了61.03克。按照2018年全国约3700万在校大学生的规模，那么中国所有在校生每天浪费量为4516.22吨。一年365天，去除90天的寒暑假，

---

① 需要说明的是，高校食堂的消费者还有教师和学校职工，本章仅仅对最重要的消费主体，即高校大学生的食物浪费行为进行调查。在此基础上估算了全国高校食堂的食物浪费量，当然这一数值会低于考虑所有消费者的食物浪费规模。

那么平均一个大学生每年仅仅在食堂就餐就会浪费 3.37 千克的食物，而全国所有在校生每年食物浪费量约为 124.20 万吨。

方式二，此次调查对食堂就餐的午餐浪费和晚餐浪费分别进行了调查。统计结果显示，在校生人均午餐浪费量为 64.02 克，人均晚餐浪费量为 56.76 克，午餐浪费量多于晚餐。按照这一口径，不难计算出，平均一位大学生每年浪费食物量为 3.32 千克，全国所有在校生每年食物浪费量大约为 122.89 万吨。

方式三，考虑到大学生食堂就餐的规律，按照工作日和周末予以区分，进而更为精确地测度。统计结果显示，工作日在校生人均午餐浪费量（65.06 克）和人均晚餐浪费量（58.23 克），均高于周末人均午餐浪费量（61.31 克）和人均晚餐浪费量（53.12 克）。去除 90 天寒暑假后，按照一年 39 周，计算出大学生人均每年浪费食物量为 3.30 千克，全国所有在校生每年食物浪费量大约为 122.08 万吨。这意味着平均一位大学生每年在食堂就餐会浪费 3.30 ~ 3.37 千克食物，而全国在校大学生食堂就餐的食物浪费规模在 122.08 万 ~ 124.20 万吨/年。

如果按照最低口径进行估计，即不考虑粮食和其他食物的转换率（如 0.5 千克牛肉需要消耗 4 千克左右的粮食），按照 2016 年国家统计局给出的居民消费口粮标准进行计算，相当于 919 万 ~ 935 万人一年的口粮被白白浪费，这表明中国高校的食物浪费规模十分惊人，大学生确实是一个不容忽视的浪费群体。

第三节　不同特征大学生食物浪费行为比较分析

大学生群体内部是高度分化的，从已有研究来看（王庆叶等，2022；宋亮等，2022），不同特征大学生的食物浪费会存在明显的差异。为了验证哪些因素会对中国大学生是否有食物浪费有显著影响，这里按照个体特征、家庭特征、餐饮特征、信息干预、区域特征、其他特征几个维度进行了探索性分析（见表 4 - 2）。

表 4 – 2　　　　　　　　不同特征大学生食物浪费行为比较分析

	变量	群体	均值（SD）	t	观测值
大学生个体出现食物浪费的平均概率	性别	男	0.700（0.458）	8.422***	9125
		女	0.778（0.416）		
	年龄	年龄≥均值	0.725（0.447）	2.146**	9124
		年龄＜均值	0.745（0.436）		
	教育	本科生	0.698（0.459）	4.144***	9123
		研究生	0.747（0.435）		
	民族	汉	0.734（0.442）	3.116***	9100
		少数民族	0.782（0.413）		
	宗教信仰	有宗教信仰	0.776（0.417）	–2.507**	9095
		没有宗教信仰	0.734（0.442）		
	是否独生子女	是独生子女	0.730（0.437）	1.399	9115
		不是独生子女	0.743（0.437）		
	浪费习惯	总是或者经常浪费食物	0.866（0.340）	–14.164***	9112
		偶尔或者从不浪费食物	0.705（0.456）		
	家庭来源	城市或者城镇	0.746（0.436）	–2.014**	9120
		农村	0.727（0.446）		
	餐次	午餐	0.748（0.434）	–2.582***	9033
		晚餐	0.725（0.447）		
	是否工作日就餐	是	0.743（0.437）	–1.865*	9049
		否	0.724（0.447）		
	是否和别人一同进餐	是	0.760（0.427）	–4.157	8428
		否	0.719（0.450）		
	餐盘类型	合成餐盘	0.739（0.439）	–0.458	8908
		分装餐盘	0.735（0.442）		
	餐费支出	餐费支出≥均值	0.747（0.435）	–1.880*	9126
		餐费支出＜均值	0.730（0.444）		
	对光盘行动了解程度	较为了解	0.729（0.444）	–3.012**	9124
		不太了解	0.761（0.427）		
	是否东部地区	是	0.729（0.445）	1.607	9126
		否	0.744（0.437）		
	是否中部地区	是	0.744（0.437）	–0.730	9126
		否	0.736（0.441）		

续表

变量		群体	均值（SD）	t	观测值
大学生个体出现食物浪费的平均概率	是否南方地区	是	0.753（0.431）	-3.189***	9126
		否	0.723（0.447）		
	家庭规模	≤3 人	0.734（0.442）	1.23	8564
		4～6 人	0.749（0.433）		
		>6 人	0.754（0.431）		
	家庭经济水平（生活费/月）	≤1000 元	0.714（0.452）	13.06***	9126
		1001～1500	0.748（0.434）		
		>1500 元	0.774（0.418）		
	时间压力	>30 分钟	0.710（0.454）	20.22***	9164
		16～30 分钟	0.761（0.426）		
		≤15 分钟	0.810（0.393）		
	食物口味满意度	不满意	0.851（0.356）	26.87***	8486
		一般	0.762（0.426）		
		很满意	0.714（0.452）		

注：***、**、*分别表示在1%、5%和10%的显著性水平，括号内为标准误。

一、个体层面

在个体层面，统计结果显示，不同性别、年龄、教育、民族、宗教信仰和浪费习惯的大学生，在食堂就餐时出现食物浪费现象的概率有显著差异。具体而言，女大学生比男大学生有更高概率出现食物浪费行为，这与很多研究保持一致（Al-Domi et al.，2011）。年长的大学生比年龄小的大学生更少出现食物浪费行为，说明年龄因素的影响不可忽视。教育程度高的学生比教育程度相对低的学生更少出现食物浪费行为，再次印证了文化程度的提升有助于减少食物浪费（Mattar et al.，2018）。少数民族的大学生相对而言更容易出现食物浪费行为，说明不同民族文化带来的影响不可忽视。平常总是或者经常浪费食物的大学生比偶尔或者从不浪费食物的大学生，更多出现食物浪费现象，说明食物浪费和消费行为有很强的惯性（Parfitt et al.，2010）。但是大学生是否家里的独生子女对产生食物浪费的可能性没有影响，刻板地认为独生子女一定更容易浪费的判断并不成立。

上述分析表明，大学生个体特征确实会对其是否有食物浪费行为有一定影响。

二、家庭层面

在家庭层面，家庭规模对大学生食堂就餐出现食物浪费行为没有显著性影响，这与已有文献并不相符（Stancu et al.，2016），可能原因是家庭规模更大与家庭浪费密切相关，而食堂消费情景下大学生主要是个体型的食物消费。家庭来源和家庭经济水平对大学生食堂就餐出现食物浪费的概率有显著性影响。分析发现，来自城市和城镇的大学生比来自农村的大学生更容易出现食物浪费行为，这与预期相符，毕竟城镇居民的生活水平更高（Secondi et al.，2015）。家庭条件较好的大学生比家庭条件普通的大学生更容易出现食物浪费行为，这与预期也相符，因为食物浪费通常与家庭经济水平高度正相关（Xu et al.，2020）。

三、餐饮层面

在餐饮层面，统计结果发现，餐次对大学生食堂就餐出现食物浪费行为有显著性影响，大学生在午餐出现食物浪费的概率高于晚餐时候。是否工作日就餐对大学生食堂就餐出现食物浪费行为有较为显著的影响。相对于周末，工作日出现食物浪费的概率更高，这可能与周末就餐时间较为充分密切相关。餐费支出和出现浪费的概率正相关，说明购买的食物越多，出现浪费的可能性越高（Zhang et al.，2021）。就餐时间压力也与大学生出现食物浪费的可能性密切相关，表现为就餐时间越仓促，大学生出现浪费的概率越高。这与既有研究保持一致，表明充分的时间来保障就餐是减少大学生出现浪费的一个有力保障（Painter et al.，2016）。食物口味满意度与大学生出现食物浪费的可能性也密切相关，相对对食物口味不满意和感觉一般的个体，有较高满意度的个体出现浪费的概率更低，这与预期相符（Lorenz et al.，2017）。但是是否和别人一同进餐以及餐盘类型对大学生出现食物浪费行为没有显著性影响。

四、信息干预层面

既有研究表明，信息干预是减少食物浪费的一个重要手段（Whitehair et al.，2013；张盼盼等，2018）。中国社会对食物浪费的一个重要信息干预就是"光盘行动"，在教育部门的主导下，中国高校普遍和深入地宣传了这一信息干预活动。统计结果显示，对"光盘行动"的了解程度对大学生食堂就餐出现食物浪费行为有显著的影响，相对对"光盘行动"不太了解的大学生，更加了解"光盘行动"的大学生更不容易出现食物浪费行为。这意味着中国社会的食物浪费信息干预也有一定的成效。

五、地域层面

中国的经济发达程度，按照东部、中部、西部，呈现明显的递减性，中国的南北方的饮食文化也有显著差异（Qian et al.，2022）。为此在地域层面，对比了不同地域大学生的食物浪费行为有无差异。统计显示，变量是否东部地区和是否中部地区对大学生食堂就餐出现食物浪费行为没有显著性影响，说明东部、中部、西部高校的大学生出现浪费的可能性没有显著差异。但是，变量是否南方地区对大学生出现食物浪费行为有显著性影响，相对北方大学生，南方的大学生更容易出现食物浪费行为，表明南北方区域饮食文化带来的异质性不容忽视。

第四节　不同特征大学生食物浪费量比较分析

除了对大学生出现食物浪费的可能性进行比较与分析，还有必要从食物浪费量对不同特征大学生进行比较与分析（贾丽、乔光华，2022）。与前述一致，下面也重点从个体特征、家庭特征、餐饮特征、信息干预和区域特征五个维度进行比较与分析（见表4-3）。

表 4 - 3　　　　　　　　　不同特征大学生食物浪费量的比较分析

	变量	群体	均值（SD）	t	观测值
人均每餐食物浪费量	性别	男	52.464（69.286）	11.625***	9125
		女	70.285（77.157）		
	年龄	年龄 ≥ 均值	56.132（69.495）	4.864***	9124
		年龄 < 均值	63.899（75.942）		
	教育	本科生	55.350（71.234）	3.53***	9123
		研究生	62.338（74.216）		
	民族	汉	61.126（73.852）	0.018	9100
		少数民族	61.173（72.944）		
	宗教信仰	有宗教信仰	60.900（71.997）	0.029	9095
		没有宗教信仰	60.982（73.702）		
	是否独生子女	是独生子女	58.419（71.917）	2.871	9115
		不是独生子女	62.898（74.941）		
	浪费习惯	总是或者经常浪费食物	98.991（88.904）	− 25.504***	9112
		偶尔或者从不浪费食物	51.504（66.066）		
	家庭来源	城市或者城镇	60.507（72.887）	0.798	9120
		农村	61.750（74.804）		
	餐次	午餐	64.025（75.793）	− 4.863***	9033
		晚餐	56.762（70.432）		
	是否工作日就餐	是	62.318（74.678）	− 2.683***	9049
		否	57.793（71.105）		
	是否和别人一同进餐	是	66.185（76.050）	− 6.395***	8428
		否	55.493（70.144）		
	餐盘类型	合成餐盘	62.428（73.315）	− 2.989***	8908
		分装餐盘	57.505（69.686）		
	餐费支出	餐费支出 ≥ 均值	66.459（78.523）	− 6.227***	9126
		餐费支出 < 均值	56.796（69.444）		
	对光盘行动了解程度	较为了解	60.286（73.592）	1.582	9124
		不太了解	63.069（74.005）		
	是否东部地区	是	63.133（75.237）	− 2.285**	9126
		否	59.551（72.589）		

续表

变量		群体	均值（SD）	t	观测值
人均每餐食物浪费量	是否中部地区	是	58.410（67.285）	1.778 *	9126
		否	61.745（75.367）		
	是否南方地区	是	68.663（78.835）	-9.556 ***	9126
		否	53.886（67.738）		
	家庭规模	≤3 人	59.174（71.702）	5.67 ***	8564
		4~6 人	64.738（76.186）		
		>6 人	59.291（65.403）		
	家庭经济水平（生活费/月）	≤1000 元	58.297（72.277）	9.16 ***	9126
		1001~1500	61.305（73.627）		
		>1500 元	67.294（77.105）		
	时间压力	>30 分钟	60.418（75.735）	0.61	9164
		16~30 分钟	61.849（72.273）		
		≤15 分钟	59.514（64.868）		
	食物口味满意度	不满意	95.006（94.613）	82.47 ***	8486
		一般	66.918（77.274）		
		很满意	53.434（65.937）		

注：*** 、** 、* 分别表示在 1%、5% 和 10% 的显著性水平，括号内为标准误。

一、个体层面

在个体层面，性别、年龄、教育和浪费习惯对大学生食堂就餐食物浪费量有显著性影响，而民族、宗教信仰和是否独生子女三个变量对大学生食堂就餐时的食物浪费量没有显著性影响。具体而言，女大学生每人每餐浪费食物量（70.29 克）显著高于男大学生每人每餐食物浪费量（52.46 克），与国外大学的调查高度一致（Marais et al.，2017）；年长的大学生每餐食物浪费量（56.13 克）显著低于年龄较小的大学生每餐食物浪费量（63.90 克），表明年轻人浪费得更多；文化程度与食物浪费显著负向相关，表现为研究生每餐食物浪费量（62.34 克）高于本科生每餐食物浪费量（55.35 克），这与预期相符（Wu et al.，2019）。总是或者经常浪费食物的大学生产生的食物浪费量（98.99 克/人/餐）显著高于偶尔或者从不浪费食物大学生产生的食物浪费量（51.50 克/人/餐），说明良好的餐饮习惯塑造对减少浪费十分关键（Parfitt et al.，2010）。是汉族还是少数民族、是否有宗教信仰和是否家里独生子女对大学生食物浪费量则没有显著影响。

二、家庭层面

在家庭层面，家庭来源对大学生食堂就餐食物浪费量没有显著性影响，来自农村或者城镇两组的差异没有通过显著性检验。家庭规模和家庭经济水平对大学生食堂就餐食物浪费量影响显著，分析发现，相对家庭人口数较少的，来自较大规模家庭的大学生，平均每餐浪费得更多，说明家庭规模与食物浪费量还是有一定关联（Stancu et al.，2016）；相对家庭经济较差的大学生，家庭经济水平越高的大学生，在食堂产生的食物浪费量越多，这与已有文献保持一致（Wu et al.，2019；Qian et al.，2022）。

三、餐饮层面

在餐饮层面，餐次、是否工作日就餐、是否和别人一同进餐、餐盘类型、餐费支出和食物口味满意度六个变量均对大学生食堂就餐食物浪费量有显著性影响。具体分析发现，中国大学生人均午餐食物浪费量（64.03 克）高于人均晚餐食物浪费量（56.76 克），工作日人均食物浪费量（62.32 克）高于非工作日人均食物浪费量（57.79 克）；表明从容的时间对高校食堂产生的食物浪费量有显著影响（Al-Domi et al.，2011）。大学生和别人一同进餐的人均食物浪费量（66.19 克）高于独自进餐时的人均食物浪费量（55.49 克），表明同群效应和面子消费在食堂就餐情景下也可能存在（Lee et al.，2012；Eugenia et al.，2011）。使用合成餐盘时的人均食物浪费量（62.43 克）高于使用分装餐盘时的人均食物浪费量（57.50 克），说明餐盘类型能够在减少食物浪费中发挥一定作用（Thiagarajah and Getty，2013）。餐费支出高的人均食物浪费量（66.46 克）高于餐费支出低的人均食物浪费量（56.80 克），表明过量消费是导致食物浪费的重要原因

（Nikolaus et al. , 2018）。食物口味满意度对大学生食堂就餐食物浪费量有显著性影响，对食物口味不满意的大学生人均食物浪费量（95.00 克）显著高于对食物口味很满意的大学生人均食物浪费量（53.43 克），大学生对食物口味越不满意越倾向于浪费更多的食物。

四、信息干预层面

在信息干预层面，统计发现，对光盘行动的了解程度对大学生食堂就餐食物浪费量没有显著性影响，可能原因是光盘行动都是引导性的，属于非约束性的，而且大学生是否实践了光盘行动对其学业进步和发展没有关联，导致这一宣传流于形式。

五、地域层面

在地域层面，变量是否东部地区、是否中部地区对大学生食堂就餐食物浪费量有较为显著性的影响，变量是否南方地区对大学生食堂就餐食物浪费量有非常显著性的影响。具体而言，东部大学生人均食物浪费量（63.13 克）高于非东部大学生人均食物浪费量（59.55 克），中部大学生人均食物浪费量（58.41 克）低于非中部大学生食物浪费量（61.75 克），表明经济越发达地区，产生的食物浪费越高，经济发展程度与食物浪费的产生密切相关。南方大学生人均食物浪费量（68.66 克）高于非南方大学生人均食物浪费量（53.89 克），再次印证了南北方差异化的饮食文化与大学生的食物浪费行为密切相关（钱龙等，2021）。

第五章

高校食堂食物浪费的
影响因素分析

第一节　引言

　　"民以食为天，国以粮为安"，对中国这样一个人口大国而言，粮食安全问题从来不是一个可忽视的问题。"悠悠万事，吃饭为大"，粮食安全问题不仅是经济问题，而且是保障国家安全和社会稳定的重要基础，"保障国家粮食安全问题是一个永恒的课题"。一直以来，对于如何保障粮食安全，社会各界普遍关注如何实现粮食增产，强调增加粮食供给这一"开源"措施。在这一思路的指导下，当前大多数政策措施围绕保护基本农田、改善农田水利设施、稳定粮食种植面积、增加社会化服务供给、通过科学技术提升粮食单产等方面展开，对作为"供给侧"的粮食生产尤为重视。2004～2015 年，中国粮食生产确实也取得了历史性成绩，实现了粮食产量的"十二连增"。2017 年，中国人均粮食占有量达到了 476 千克，比1978 年增量 157 千克，超过世界平均水平。[①] 在骄傲地宣布中国以占世界约 9% 的耕地和约 6% 的可再生水养活了约 20% 的人口时[②]，需要指出的

---

① 资料来源：十组数据看中国粮食安全成就 [N]. 人民网，2019 – 10 – 15.
② 资料来源：中国用 9% 的耕地 6% 的淡水资源 养活了近 20% 的人口 [N]. 国务院新闻办公室网站，2019 – 10 – 14.

是，中国粮食安全形势并不乐观，而且还蕴含着一定的风险。为了保障粮食供给，导致中国单位面积化肥施用量是欧美发达国家的1~3倍（Wu et al.，2018），农药施用量是世界平均水平的2.5倍，进而造成了较为严重的农业面源污染和耕地质量退化问题（史常亮等，2016），付出的生态代价很大。可以预见的是，在农业生产要素投入边际效应递减、资源环境约束趋紧，以及科技水平在短期内难以大幅提升的背景下，中国实现粮食产量增加将会越来越困难。实际上，2012年以来，中国粮食产量稳定在0.6万亿千克左右，总产量提升有限。

另外，随着城镇化率的提升以及人民生活水平的改善，中国居民的膳食结构正在转型和升级，对粮食的需求与日俱增（曹芳芳等，2018）。国家统计局的数据表明，尽管中国居民对原粮的需求在减少，2016年中国人均消费原粮只有132.8千克/年，相对1985年下降了119.9千克/年。但是，居民对肉类、禽肉、水产品、蛋奶类等动物性产品的消费增速较快。2016年，中国居民人均肉禽类、水产品类、蛋类产品的消费分别为1978年的4.6倍、3.2倍和4.9倍（王灵恩等，2018）。对肉类、禽肉、蛋奶类的消费虽然没有直接消耗粮食，但考虑到粮食—肉（禽、蛋、奶）的转化比，例如，生产0.5千克牛肉需要3.5~4千克粮食，0.5千克猪肉需要2千克左右粮食，0.5千克鸡肉需要1千克左右粮食等等，每个人实际上会消耗更多的粮食（封志明、史登峰，2006）。中国仍然属于中等收入国家，城镇化水平也偏低。从发达国家的经验来看，随着城镇化水平的进一步提升以及居民收入的进一步增长，中国居民未来对动物性产品的消费会进一步增加，这对我国粮食产量与食物供给提出了更高要求（辛良杰等，2015）。

有部分学者预测了中国未来的粮食产量和需求，如向晶和钟甫宁（2013）重点分析了人口结构变动对中国2010~2050年粮食需求的影响。程杰等（2017）考察了不同人口增长情景下，2025~2030年中国的粮食需求与供给缺口。刘庆等（2018）综合考虑了人口老年化、城镇化加速推进和人口增长的影响，基于合理膳食结构推算了2020~2050年中国食物用粮需求。这些研究无一例外地发现：未来中国粮食需求总量的峰值会很快到来，极有可能出现在2030年前后。届时，中国粮食供需紧平衡现象会更加突出，粮食供给将无法满足粮食需求，粮食供需缺口会进一步扩大（吕新业、冀县卿，2013）。

在粮食供给短期内难以有效突破至新台阶的背景下，通过"需求侧"变革，即减少粮食损耗与食物浪费似乎是一个可行的路径，而这一点却被大多数人所忽略（江金启等，2018）。根据联合国粮农组织（FAO）的报告，全球生产和制造的食物中，大约有 13×10^8 吨被损耗和浪费掉，约占当年全球食物总产量的 32%（Lipinski et al.，2013），相当于 14×10^8 公顷耕地和 2500×10^8 立方米的水资源被白白地浪费（Gustavsson et al.，2011）。全球层面，粮食损耗主要发生在发展中国家，主要发生在流通阶段，即收获、干燥、储藏、运输、加工、销售等过程。而食物浪费主要发生在发达国家，主要是消费阶段的人为浪费。中国在这两方面的表现均十分突出（成升魁等，2012）。粮食损耗方面，曹芳芳等（2018）基于 16 个省份 1135 户小麦种植户的调查，推断出全国层面的小麦平均收获损失率为 4.72%，其中有 28.64% 的农户损失率超过 5%。高利伟等（2016）对中国三大主粮的平均产后损失率进行了推算，发现水稻、小麦和玉米产后综合损失率分别为 6.9%、7.8% 和 9.0%，平均损失率高达 7.8%，远远超过 3%～5% 的国际平均水平。食物浪费方面，中国农业大学的一项研究表明，2006～2008 年中国人浪费的食物总量足以养活 2.5 亿～3 亿人[1]。胡越等（2013）利用 GTAP 模型测算了中国食物浪费量，发现中国一年的粮食浪费量为 1.2 亿吨，相当于浪费了 2.76 亿亩播种面积和 316.1 亿立方米农业用水。来自中国科学院地理科学与资源研究所的另一项研究表明，中国在 2013～2015 年每年在餐桌上浪费的粮食高达 1700 万～1800 万吨，相当于 3000 万～5000 万人一年的口粮[2]。

鉴于流通阶段的粮食损耗更多取决于客观层面的设备、设施、环境等因素，可以通过技术手段来予以解决。消费阶段的食物浪费则取决于主观行为，人的行为既受到态度、习惯、认知等内在因素（Wang et al.，2014；

---

[1] 资料来源：政协常委武维华：全国每年浪费的食物能养活 3 亿人 [N]. 人民政协报，2010 - 03 - 10.

[2] 资料来源：中国科学院研究显示：中国食物浪费量约为每年 1700 万至 1800 万吨 [N]. 中国科学院地理科学与资源研究所网站，2016 - 11 - 28.

Visschers et al.，2015），也受到经济、社会、文化等外在环境的影响，导致人的行为决策十分复杂，这往往是技术手段无法解决的（王灵恩等，2015）。因此，相对粮食损耗，食物浪费更难得到有效控制（江金启等，2018）。尽管"舌尖上的浪费"已经引起了大众和媒体的广泛重视，国家层面和粮食行业也出台了多项引导性措施，大力宣传节约粮食和反对食物浪费，如中共中央办公厅、国务院办公厅印发了《关于厉行节约反对食品浪费的意见》。然而，不得不承认中国关于食物浪费的研究还不多见，只有少数文献对这一议题进行了探讨（成升魁等，2012；Bai et al .，2016；张盼盼等，2018）。此外，当前多数文献关注食物浪费带来的经济、环境代价（胡跃等，2013；Kummu et al .，2012；Song et al .，2015；张丹等，2016a，2016b，2016c），视角偏宏观。少有文献基于微观视角，关注如何才能减少食物浪费（廖芬等，2018）。显然，找到影响个体浪费行为的因素，进而有针对性地出台减少食物浪费的措施更为重要。第三，就研究对象而言，虽然国内外文献对城乡居民家庭（孙中叶，2009；Brown et al.，2014；李丰等，2017；江金启等，2018）、中小学食堂（Marlette et al .，2005）、餐饮服务业（许世卫，2005；Bai et al .，2016；张盼盼等，2018；王禹等，2018）、超市（Buzby and Hyman，2012）、医院（Zakiah et al .，2005）等场所的食物浪费有所涉及。但是，目前还鲜有文献对高等学校食堂场所的食物浪费进行研究（Whitehair et al .，2013）。关于大学食堂的食物浪费和大学生食物浪费行为，更多是媒体层面的，如人民网2013年的调查、央视网2017年的调查等等。可以说，现有文献无法有效回应：中国高校食堂究竟有多浪费食物，每年会浪费多少食物？哪些因素会影响到中国大学生的食物浪费行为？

当前，中国已经拥有世界上规模最大的在校大学生规模。据教育部发布的《中国高等教育质量报告》显示，2022年中国已经拥有各类高校3013所，位居世界第二；在校大学生数量则突破4655万人，位居世界第一①。因此，对中国高校的食堂浪费进行调查，分析大学生食堂就餐的浪

---

① 资料来源：2022年全国共有学校51.85万所，学历教育在校生2.93亿人［EB/OL］. 京报网，2023－03－23.

费行为及其影响因素，有助于有针对性地出台政策来减少高校中的食物浪费。有鉴于此，本章试图基于全国 29 个省份的 29 所高校的问卷调查（1 省份 1 校），对全国高校食堂就餐浪费规模进行测算。同时，基于 9192 名大学生的食堂就餐问卷调查，分析哪些因素会影响到个体食堂就餐的食物浪费行为，从而有针对性地提出政策建议。

第二节　变量设置与模型选择

一、变量设置

（一）食物浪费行为

食物浪费行为是本章的被解释变量，以往成果多使用单一指标来予以衡量（张盼盼等，2018）。为了相对全面地测度大学生的食堂就餐浪费行为，本章同时使用三个变量来予以显示。其一，根据大学生就餐后是否有可食用食物的剩余，设定一个二分类虚拟变量。其二，更为准确地，通过剩余称重法，将大学生餐后的可食用食物进行分类和称重，计算出本餐次的食物浪费量（江金启等，2018）。其三，根据个体实际就餐的菜品种类，通过换算餐前的标准重量和餐后的剩余重量，得出本餐次的食物浪费率（李丰等，2017）。

（二）影响食物浪费的因素

目前，针对居民家庭食物浪费和居民餐馆就餐食物浪费行为影响因素的研究相对丰富。这些研究发现，个体的食物浪费行为受到多重因素的影响，其中包括个体特征、家庭特征、餐饮特征等。外在的信息干预也可能发挥作用（廖芬等，2018；Qian et al.，2021）。基于已有成果，本章引入下述变量：

第一，在充分借鉴已有成果的基础之上，引入了被调查者个体特征维度的性别、年龄、学历层次、民族、宗教信仰、是否独生子女、成长经历、日常就餐剩余情况共 8 个控制变量。具体而言，性别（Buzby and

Guthrie，2002；侯彩霞等，2022）、年龄（Hamilton et al.，2005；王禹等，2018）、学历层次这3个变量属于个体客观特征，被许多研究证实很可能会对食物浪费产生影响。不同民族和宗教信仰会带来不同的文化背景，因而引入这两个变量来控制文化层面因素可能带来的影响（Thyberg et al.，2015）。引入变量是否独生子女、成长经历是为了识别青年大学生的成长环境可能发挥的作用。引入的变量浪费习惯则是为了控制个体消费惯性可能带来的影响（Koivupuro et al.，2012）。

第二，虽然并非针对食堂就餐浪费行为，但关于居民家庭和餐馆消费的食物浪费研究证实，家庭特征可能会对个体食物浪费有显著性影响，需要予以控制。因此，为控制家庭特征维度变量的影响，参考已有文献，本章引入变量家庭来源来控制城乡差异，引入变量家庭人口规模来控制家庭环境（Parizeau et al.，2010），引入变量家庭经济水平来控制家庭富裕程度（Segrè et al.，2014）这3个特征变量。

第三，餐饮特征被证实对个体食物浪费行为有较为关键的影响。为控制这一层面因素可能发挥的作用，引入变量餐次、是否工作日就餐、一同就餐人数、饭菜重量、餐盘类型和对饭菜口味的满意度，一共六个控制变量。之所以引入变量餐次、是否工作日就餐以及一同就餐人数，是为了控制饮食规律（张盼盼等，2018）和大学生食堂就餐的实际情况可能带来的影响。通常而言，餐前所购置的饭菜越多越可能产生食物浪费（许世卫，2005；Bai et al.，2016）。且以往研究发现，食堂提供配餐工具可能会影响到食物浪费（Marlette et al.，2005）。因此，本章引入饭菜重量、餐盘类型这两个变量。除上述客观维度的餐饮特征，个体对餐饮口味和质量的主观评价也可能影响食物浪费行为（孙中叶，2009），因此本章也予以控制。

第四，以往文献表明，信息干预可能会对个体的食物浪费行为有影响。如张盼盼等（2018）基于餐饮业的随机干预试验，发现准确接收到信息干预的消费者会减少食物浪费。但也有一些研究发现，信息干预对消费者的食物浪费行为没有影响（Young et al.，2017），或者信息干预能否影响到个体的食物浪费行为，与信息干预的类型密切相关（Whitehair et al.，2013）。因此，本章引入了接触节粮宣传的频率和对光盘行动了解程度，来控制信息干预维度可能发挥的作用。

第五，中国地域广大，不同地区不仅经济发展程度有较大差异，如东部、中部、西部的梯度发展。而且各地的饮食也有较大差异；典型的如南北差异（江金启等，2018）。然而，已有文献较少关注区域特征维度带来的影响，为避免遗漏这一层面因素可能带来的不利影响，本章引入了是否东部地区、是否中部地区、是否南方地区①三个虚拟变量来予以控制。

本章引入的所有变量定义及描述性分析如表5-1所示。

表5-1　　　　　　　　变量定义及描述性分析

变量名称	变量定义	观测值	均值	标准差
是否有食物浪费	此次就餐是否有可食用食物剩余： 1=有；0=没有	9128	0.74	0.44
食物浪费量	此次就餐的可食用食物剩余重量（克）	9128	61.03	73.71
食物浪费率	此次就餐各类食物剩余重量×100/ 此次就餐食物标准重量（%）	9121	12.13	14.15
性别	1=男；0=女	9191	0.52	0.50
年龄	岁	9169	21.25	2.33
学历	1=研究生学历；0=本科学历	9169	0.19	0.39
民族	1=汉族；0=少数民族	9146	0.90	0.30
宗教信仰	1=有宗教信仰；0=没有宗教信仰	9141	0.08	0.28
是否独生子女	1=是独生子女；0=不是独生子女	9161	0.43	0.49
成长经历	1=由父母带大；0=由其他人带大	9171	0.77	0.42
浪费习惯	1=从不；2=偶尔；3=经常；4=总是	9158	2.11	0.61
家庭来源	1=农村；2=城镇；3=城市	9186	1.81	0.80
家庭人口规模	1=3人及以下；2=4~6人， 3=7人及以上	8564	1.67	0.53

① 按照共识，本章以秦岭—淮河为南北分界线，将四川、云南、重庆、贵州、广西、湖北、湖南、安徽、江苏、上海、浙江、江西、福建、广东、海南15个省份划分为南方，将黑龙江、吉林、辽宁、内蒙古、新疆、甘肃、青海、宁夏、陕西、山西、河北、北京、天津、山东14个省份划分为北方。

续表

变量名称	变量定义	观测值	均值	标准差
家庭经济水平	每月生活费支出：1 = 少于等于1000；2 = 1000~1500；3 = 1500元以上	9126	1.74	0.76
餐次	1 = 午餐；0 = 晚餐	9099	0.55	0.50
是否工作日就餐	1 = 是；0 = 否	9115	0.70	0.46
一同就餐人数	1 = 独自进餐；2 = 有1人陪伴就餐；3 = 2人及以上陪伴就餐	8473	1.89	0.78
饭菜重量	被调查人此次就餐饭菜重量（克）	8511	524.54	155.38
餐盘类型	1 = 合成餐盘；0 = 分装餐盘	8972	0.66	0.47
对饭菜口味的满意度	3 = 较为满意；2 = 一般满意；1 = 不太满意	8486	2.40	0.59
接触节粮宣传的频率	1 = 较多接触；0 = 较少接触	9158	0.41	0.49
对光盘行动了解程度	1 = 较为了解；0 = 不太了解	9170	0.74	0.44
是否东部地区	学校所在区位：1 = 东部；0 = 非东部	9192	0.41	0.49
是否中部地区	学校所在区位：1 = 中部；0 = 非中部	9192	0.21	0.41
是否南方地区	学校所在区位：1 = 南方；0 = 北方	9192	0.49	0.50

二、模型选择

借鉴已有的文献，本章将基准模型设定如下：

$$Food\text{-}waste = \beta_0 + \sum \beta_i X_i + \varepsilon_i \qquad (5-1)$$

其中，Food-waste 表示大学生在食堂就餐的食物浪费行为，X_i 表示个体特征、家庭特征、餐饮特征、信息干预和区域特征等一系列控制变量，ε_i 表示随机误差项。具体模型选择方面，鉴于是否有食物浪费行为是一个二元选择变量，因而选择二元 Probit 模型来予以分析。本次就餐后个体的食物浪费量是一个非负数，本次就餐的食物浪费率则在 0 至 1。因此，本章采用 Tobit 模型对大学生的食物浪费量和食物浪费率进行实证分析。

第三节 实证结果与分析

表5-2对大学生的食堂就餐食物浪费行为进行了计量模型分析。在实证分析之前，首先进行多重共线性检验。检验结果表明，所引入的控制变量的 VIF 值均小于10，表明不存在严重的多重共线性问题，变量引入是合理的。

表5-2   食物浪费行为的计量分析

变量	是否有食物浪费	食物浪费量	食物浪费率
性别	-0.251*** (0.033)	-25.313*** (2.081)	-5.154*** (0.414)
年龄	0.009 (0.009)	1.153* (0.612)	0.270** (0.122)
学历	-0.142** (0.056)	-8.239** (3.617)	-2.172*** (0.720)
民族	-0.091 (0.055)	0.622 (3.353)	0.121 (0.667)
宗教信仰	0.048 (0.060)	-1.845 (3.636)	0.053 (0.723)
是否独生子女	0.006 (0.045)	1.255 (2.828)	0.293 (0.563)
成长经历	-0.055 (0.038)	-2.451 (2.333)	-0.653 (0.464)
浪费习惯	0.431*** (0.029)	38.197*** (1.690)	7.280*** (0.336)
家庭来源	0.000 (0.023)	-1.579 (1.421)	-0.183 (0.283)
家庭人口规模	0.019 (0.041)	2.295 (2.558)	0.369 (0.509)
家庭经济水平	0.086*** (0.022)	4.216*** (1.384)	0.912*** (0.275)

续表

变量	是否有食物浪费	食物浪费量	食物浪费率
餐次	0.008 (0.032)	2.632 (1.978)	0.408 (0.393)
是否工作日	0.034 (0.034)	4.238** (2.155)	0.797* (0.429)
一同就餐人数	0.031 (0.020)	2.526** (1.262)	0.451* (0.251)
饭菜重量	0.001*** (0.000)	0.144*** (0.007)	0.006*** (0.001)
餐盘类型	−0.017 (0.033)	2.881 (2.079)	0.681* (0.413)
对饭菜口味的满意度	−0.133*** (0.027)	−14.296*** (1.671)	−2.654*** (0.333)
接触节粮宣传的频率	0.002 (0.033)	−0.556 (2.085)	−0.020 (0.415)
对光盘行动了解程度	−0.069* (0.038)	−1.656 (2.311)	−0.211 (0.460)
是否东部地区	0.003 (0.038)	9.237*** (2.342)	1.730*** (0.466)
是否中部地区	−0.008 (0.042)	−4.902* (2.649)	−1.017* (0.527)
是否南方地区	0.137*** (0.033)	20.468*** (2.027)	4.173*** (0.403)
常数	−0.788*** (0.264)	−113.143*** (16.830)	−11.375*** (3.350)
sigma		84.143*** (0.800)	16.770*** (0.160)
LR chi^2	619.77***	1465.49***	962.57***
Pseudo R^2	0.067	0.019	0.017
观测值	8092	8092	8101

注：***、**、*分别表示在1%、5%和10%的显著性水平，括号内为标准误。

　　研究结果表明（见表 5 - 2），个体层面，性别在 1% 的显著性水平上负向影响食物浪费行为、食物浪费量和食物浪费率。这表明相对于男性，女性出现食物浪费行为的概率更高，餐均浪费量和浪费率也更高，这与以往的文献相一致（Buzby and Guthrie，2002；李丰、钱壮，2018）。年龄对个体是否出现食物浪费行为并没有显著影响，但是对个体的食物浪费量和食物浪费率却有显著性影响。表现为年龄越大，相应的浪费量和浪费率也更高，这与家庭层面食物浪费的文献并不一致（Hamilton et al.，2005）。学历对个体的食物浪费也有显著影响，相对于本科学历，拥有研究生学历的个体更不可能出现食物浪费，食物浪费量和食物浪费率也更低。即较高的文化水平有助于减少食物浪费。表示文化差异的民族和宗教信仰并没有通过显著性水平检验，表明是否汉族和是否信仰宗教并不导致差异化的食堂就餐食物浪费行为。一个流行的认知是，相对非独生子女，独生子女更可能出现食物浪费（江金启等，2018），但本章并不支持这一判断。研究还发现，与非独生子女相比，独生子女并没有浪费更多的食物，食物浪费率也没有显著差异。另外，成长经历没有通过显著性检验，说明个体成长经历对食物浪费行为没有显著影响。与预期判断相一致，浪费习惯显著正向影响个体食物浪费行为。具体表现为个体日常就餐的浪费频率越高，本次就餐越可能出现食物浪费，食物浪费量和食物浪费率也更高，说明消费惯性的影响不可忽视。

　　家庭特征层面，家庭来源并没有通过显著性检验，说明来自农村、城镇、城市的大学生食物浪费行为没有显著差异。关于家庭食物浪费的一些研究表明，家庭人口规模越大，个体越可能出现食物浪费（Parfitt et al.，2010）。但本章的研究表明，在高校食堂就餐时，这一变量没有关键性影响，说明食堂就餐有其特殊性。家庭经济水平则通过了 1% 的显著性水平检验，表明家庭经济条件越优越，个体越可能出现食物浪费行为和浪费更多的食物，这与已有文献保持一致（Bai et al.，2016；Segrè et al.，2014），表明家庭经济条件变优越，会助长多个场所的食物浪费。

　　餐饮特征维度，餐次没有通过显著性水平检验，即晚餐并没有比午餐更可能出现食物浪费现象，浪费量和浪费率也没有显著区别，这与张盼盼等（2018）针对餐饮业的研究相一致。是否工作日在食堂就餐和一同就餐人数对个体是否有食物浪费没有影响，但分别在 5% 和 10% 显著性水平上正向影响食物浪费量和食物浪费率。即相对于周末，周一到周五到食堂就餐时，大学生会浪费更多的食物，这说明大学生的生活和学习规律对其食物浪费行为确实有一定影响。相对单独就餐，多人一同就餐时会浪费更多的粮食。且就餐人数越多，个体的浪费量和浪费率越高，这意味着食物浪费行为可能存在"同群效应"或者"模仿效应"。与理论预期相符，饭菜重量十分显著的正向影响个体是否有食物浪费、食物浪费量和食物浪费率。即购买的饭菜越多，越容易产生食物浪费。餐盘类型方面，本章发现，无论是使用合成餐盘还是分装餐盘，均不会影响个体浪费的概率以及食物浪费量。但是在 10% 显著性水平上，相对于分装餐盘，合成餐盘导致食物浪费率更高。以往文献表明，对饭菜口味的满意度是影响食物浪费的关键因素（孙中叶，2009），本章再次印证了这一判断。当个体对食堂饭菜口味的满意度越高时，越不可能有食物浪费，相应的食物浪费量更少、食物浪费率更低。

信息干预维度，有的文献支持，进行信息干预有助于减少食物浪费（廖芬等，2018）。但也有文献认为，这对于减少食物浪费没有太多帮助（Young et al.，2017）。表 5 - 2 结果显示，个体接触节粮宣传的频率没有通过显著性水平检验，说明这一类信息干预无法有效杜绝食堂就餐的食物浪费。"光盘行动"是在中国社会和高校里普遍开展的一项节约食物活动倡议，本章研究表明，随着青年大学生对光盘行动了解程度的加深，确实有助于减少食物浪费现象。但相对于不了解光盘行动的个体，熟悉光盘行动的个体并没有表现出更少的食物浪费量和更低的食物浪费率。说明这一倡导性活动在减少食物浪费方面并没有预期得那么有效。

中国地域广阔，各地经济发展水平和饮食差异较大，本章引入变量是否东部地区、是否中部地区、是否南方地区这三个虚拟变量来控制区域层面因素的影响。结果显示，相对于西部地区，东部地区高校和中部地区高校的青年大学生出现食物浪费行为的概率没有显著性差异。但食物浪费量和食物浪费率方面有一定差异，相对于西部地区，在东部高校就读的个体有着更高的食物浪费量和食物浪费率。这与预期判断一致，也符合屡屡被证实的"经济条件越优越，越可能出现食物浪费"的规律（Gustavsson et al.，2011）。但相对于西部地区，在中部地区高校就读的大学生食物浪费量和食物浪费率却更低，这可能意味着食物浪费和经济发达程度的关联不是简单的线性规律。虽然高校食堂提供的餐饮会考虑不同地域学生的差异化需求，提供多样化的饮食，但本地特征痕迹通常较为突出。由于地理、气候等客观因素的存在，中国南北方有着十分明显的饮食差异（江金启等，2018）。具体表现为南方以"饭菜"饮食模式为主导，北方以"粉面"饮食模式为主导。南北方饮食不同会不会导致差异化的食物浪费呢？本章按照高校所在地，区分为南方和北方两个分样本进行对比分析。发现南方组出现食物浪费的概率、每人每餐的食物浪费量和食物浪费率分别比北方组高 2.94 个百分点、14.67 克和 3.64 个百分点。表 5 - 3 的实证分析则进一步证实，相对于北方高校的大学生，南方高校的大学生确实有着更高的食物浪费概率、食物浪费量和食物浪费率。

总结而言，作为个体特征的性别、学历、浪费习惯；家庭特征层面的家庭经济水平，餐饮特征层面的饭菜重量、对饭菜口味的满意度，以及南北方区域差异对大学生是否有食物浪费行为、食物浪费量和食物浪费率有显著影响。因而，在杜绝和减少高校食堂的食物浪费时，不能忽视这些因素带来的影响。

第四节　进一步分析

前述分析指出，中国南方和北方有着较为明显的饮食差异，且这种区域差异带来了在南方高校就读的大学生有着更高的食物浪费概率、食物浪费量和食物浪费率。但上述分析没有考虑到南方人和北方人的食物浪费行为有无差异，各个维度的影响因素是否对南方大学生和北方大学生的行为有异质性影响。鉴于中国南方人和北方人的系统性差异，例如，体格、性格、行动逻辑（Talhelm et al.，2014）等方面的差异，因此，本章按照个体的家庭所在地，将整体样本分为南方人和北方人进行分组拟合回归（见表 5 - 3）。

表 5 - 3　　　　　　　　　南方人和北方人食物浪费的对比分析

变量	是否有食物浪费		食物浪费量		食物浪费率	
	南方人	北方人	南方人	北方人	南方人	北方人
性别	- 0.325 *** (0.048)	- 0.171 *** (0.047)	- 35.189 *** (3.033)	- 14.758 *** (2.829)	- 7.045 *** (0.609)	- 3.111 *** (0.556)
年龄	0.018 (0.014)	- 0.002 (0.013)	1.947 ** (0.913)	0.501 (0.811)	0.491 *** (0.184)	0.079 (0.159)
学历	- 0.134 * (0.081)	- 0.122 (0.080)	- 10.915 ** (5.316)	- 3.150 (4.865)	- 2.833 *** (1.068)	- 1.002 (0.955)
民族	- 0.167 ** (0.081)	- 0.020 (0.081)	- 8.974 * (4.857)	9.617 ** (4.799)	- 1.553 (0.975)	1.812 * (0.942)
宗教信仰	0.091 (0.088)	0.034 (0.085)	- 1.607 (5.407)	3.840 (5.089)	0.014 (1.087)	0.988 (0.997)
是否 独生子女	- 0.083 (0.061)	0.117 * (0.068)	0.249 (3.888)	3.277 (4.099)	- 0.050 (0.782)	0.824 (0.806)
成长经历	- 0.087 * (0.051)	- 0.015 (0.058)	- 6.432 ** (3.181)	4.744 (3.470)	- 1.292 ** (0.638)	0.501 (0.682)
浪费习惯	0.425 *** (0.041)	0.443 *** (0.042)	44.281 *** (2.405)	30.284 *** (2.336)	8.411 *** (0.484)	5.786 *** (0.458)
家庭来源	0.032 (0.033)	- 0.033 (0.033)	- 0.610 (2.070)	- 1.511 (1.937)	- 0.010 (0.416)	- 0.164 (0.381)
家庭人口规模	0.052 (0.056)	0.015 (0.061)	4.951 (3.582)	0.209 (3.637)	0.754 (0.720)	0.055 (0.714)
家庭经济水平	0.083 *** (0.032)	0.105 *** (0.032)	3.490 * (2.000)	5.278 *** (1.899)	0.622 (0.402)	1.292 *** (0.373)
餐次	0.041 (0.044)	- 0.020 (0.046)	2.775 (2.823)	3.069 (2.743)	0.157 (0.567)	0.801 (0.539)
是否工作日	0.022 (0.048)	0.048 (0.050)	2.567 (3.046)	6.199 ** (3.024)	0.550 (0.612)	0.959 (0.594)
一同就餐人数	0.045 (0.028)	0.021 (0.029)	1.851 (1.796)	3.418 * (1.750)	0.428 (0.361)	0.488 (0.344)
饭菜重量	0.001 *** (0.000)	0.002 *** (0.000)	0.153 *** (0.010)	0.134 *** (0.009)	0.005 *** (0.002)	0.006 *** (0.002)

续表

变量	是否有食物浪费		食物浪费量		食物浪费率	
	南方人	北方人	南方人	北方人	南方人	北方人
餐盘类型	-0.032 (0.047)	-0.024 (0.048)	6.522 ** (2.982)	-3.175 (2.878)	1.516 ** (0.598)	-0.536 (0.565)
对饭菜口味 的满意度	-0.152 *** (0.038)	-0.129 *** (0.040)	-16.489 *** (2.381)	-11.742 *** (2.316)	-3.138 *** (0.479)	-2.108 *** (0.455)
接触节粮 宣传的频率	0.022 (0.047)	-0.012 (0.048)	-0.930 (2.982)	-0.064 (2.869)	-0.170 (0.599)	0.190 (0.563)
对光盘行动 了解程度	-0.066 (0.053)	-0.063 (0.054)	0.010 (3.298)	-3.447 (3.181)	0.164 (0.663)	-0.633 (0.624)
是否东部地区	-0.041 (0.054)	0.030 (0.054)	9.362 *** (3.435)	10.684 *** (3.200)	1.904 *** (0.690)	1.808 *** (0.629)
是否中部地区	0.035 (0.060)	-0.036 (0.061)	-2.077 (3.766)	-7.442 ** (3.750)	-0.578 (0.757)	-1.265 * (0.735)
是否南方地区	0.295 *** (0.049)	-0.021 (0.062)	20.643 *** (3.192)	13.929 *** (3.745)	4.446 *** (0.641)	2.408 *** (0.735)
常数	-0.955 ** (0.379)	-0.716 * (0.372)	-131.119 *** (24.788)	-100.793 *** (22.646)	-14.874 *** (4.981)	-8.973 ** (4.451)
sigma			86.795 (1.138)	79.846 (1.104)	17.476 (0.229)	15.702 (0.218)
LR chi^2	365.65 ***	304.70 ***	907.77 ***	557.50 ***	716.10 ***	362.59 ***
Pseudo R^2	0.078	0.068	0.023	0.016	0.024	0.014
观测值	4200	3888	4200	3888	4208	3889

注：*** 、** 、* 分别表示在1%、5%和10%的显著性水平，括号内为标准误。

拟合结果表明（见表5-3），无论是南方人还是北方人，同时使用是否有食物浪费、食物浪费量和食物浪费率来测度个体的食物浪费行为时，性别、浪费习惯、家庭经济水平、饭菜重量、对饭菜口味的满意度仍然通过了显著性检验。并且，这些变量对南方人、北方人的影响方式与整体样本无异，说明上述5个因素对大学生食物浪费行为的影响十分稳健。与整体样本一致，变量是否东部地区对南方人和北方人是否有食物浪费没有显著影响，但显著提升了食物浪费量和食物浪费率，表明这一因素对南北方人也没有差异化影响。另外，与整体样本一致，变量宗教信仰、是否独生子女、家庭来源、家庭人口规模、餐次、接触节粮宣传的频率、对光盘行动了解程度依然没有通过显著性检验，说明这7个变量对个体食物浪费行为的影响也是稳健的，不因南北方人而产生差异。

除上述共性外，分组回归仍然发现了诸多差异之处（见表5-3）。其中，个体年龄对南方人的食物浪费量和食物浪费率有显著正向影响，这与整体样本保持一致。但是年龄对北方人的食物浪费量和食物浪费率没有显著影响。学历分别在10%，5%和1%显著性水平上负向影响南方人是否有食物浪费，食物浪费量以及食物浪费率，这与整体样本也保持一致。但对北方人，学历的作用不再凸显。民族对南北方人的影响有较大差异，相对于南方少数民族，南方汉族有食物浪费的概率更低，食物浪费量也更少，而汉族和少数民族的食物浪费率没有显著差异。民族因素对北方人是否有食物浪费没有影响，而且相对北方少数民族，北方汉族的食物浪费量更大、食物浪费率也更高。之所以呈现这一结果，很可能是因为南北方的少数民族异质性较强。与整体样本一致，对北方人而言，成长经历没有通过显著性检验。但对于南方人，由父母亲自带大的个体更可能珍惜食物，相应的食物浪费概率、食物浪费量和浪费率也更低。

变量是否工作日和一同就餐人数对南北方人是否有食物浪费和食物浪费率均没有显著影响。但变量是否工作日和一同就餐人数对北方人的食物浪费量有显著影响，对南方人的食物浪费量没有显著影响。餐盘类型对南北方人是否有食物浪费均没有显著影响，这与整体样本一致。餐盘类型仅仅对南方人的食物浪费量和食物浪费率有显著影响，相对分装餐盘，合成餐盘显著增加了南方人的食物浪费量和食物浪费率。但餐盘类型对北方人的食物浪费量和食物浪费率没有显著影响。之所以如此，很可能是因为南方是"饭菜"饮食模式，分装与否带来的影响较大。变量是否中部地区对南北方个体的食物浪费概率没有显著影响，这与整体样本保持一致。对南方人而言，食物浪费量和食物浪费率不因是否位于中部地区而产生差异。但对于北方人，变量是否中部地区则能显著减少个体的食物浪费量和食物浪费率。变量是否南方地区对南北方大学生是否有食物浪费出现分化，这一变量显著提升了南方人食物浪费的可能性，但对北方人是否有食物浪费没有显著影响。当然，与整体样本一致，变量是否南方地区对南北方大学生的食物浪费量和食物浪费率均有显著影响，再次证实南方饮食模式会导致更多的食物浪费量和更高的食物浪费率。但就边际效应来看，是否南方地区对南方籍贯个体的影响更大，对北方籍贯个体的影响稍弱。

整体而言，各个维度因素对南方大学生的食物浪费行为和北方大学生的食物浪费行为，有一部分变量带来的影响是一致的，也有一部分变量发挥的作用是分化的。这说明南北方大学生在高校食堂就餐时产生的食物浪费和相应的决策有共性，也有异质性。

第五节　结论与启示

当前，食物浪费已经成为一个全球性现象，大量的食物被白白浪费，而这些食物本可以养活更多的人。中国的食物浪费现象也变得越来越普遍，造成的经济损失十分惊人，并且给资源环境带来了严重的负面效应。在中国粮食供需"紧平衡"的现实背景下，要实现食物供给的安全，除了继续增加粮食产量外，还需要高度重视节约食物这种"节源"措施。食物损耗包括流通阶段的粮食损失和消费阶段的食物浪费，鉴于前者主要取决于技术层面，相对容易克服；而后者取决于人的行为和决策，是杜绝食物损耗的关键环节。因而，本章聚焦消费阶段的食物浪费行为。高校食堂食物浪费是消费阶段食物浪费的重要组成，考虑到中国高校数量众多，在校大学生也高居世界第一。因而，本章以中国高校为例，对青年大学生高校食堂就餐的食物浪费行为进行了分析，并对中国高校食堂的食物浪费规模进行估算。

基于29个省份的29所高校共9192名大学生的问卷调查，本章从个体维度、家庭维度、饮食维度、信息干预和区域特征五个方面，考察了哪些因素会影响到青年大学生食堂就餐的食物浪费行为。结果发现：（1）青年大学生在食堂就餐时的浪费现象十分普遍，高达74%的个体存在食物浪费行为，平均每人每餐的食物浪费量达到了61.03克，每人每餐食物浪费率达到了12.13%。（2）本章选择是否有食物浪费现象、餐次食物浪费量和餐次食物浪费率来同时测度个体的食物浪费行为，发现个体维度的性别、学历、浪费习惯，家庭维度的家庭经济水平，饮食维度的饭菜重量、对饭菜口味的满意度，以及南北区域差异是解释个体食物浪费行为的重要影响因素。（3）通过此次大规模调查，本章对全国高校食堂的食物浪费规模进行了估算，发现全国高校年浪费食物总量大约在122.08万～124.20万吨/年。按最低口径折算，相当于919万～935万人一年的口粮。（4）进一步对比分析了南方人与北方人的行为决策差异，发现有部分变量对南方人和北方人的影响一致，但也有较多变量对南方人与北方人有差异化影响。这说明南方人的食物浪费决策和北方人的食物浪费决策，有共性也有异质性。

基于上述研究，本章得出以下几点启示。

首先，要高度重视高校食堂产生的食物浪费。本章表明，大学生的食物浪费行为十分普遍，全国高校食堂的食物浪费量十分惊人。"舌尖上的浪费"虽然得到了社会各界的普遍关注，但是本章的研究表明，当前中国高校的食物浪费并没有得到有效缓解，这一领域需要给予更多的关注。

其次，要有针对性地出台措施，来有效减少高校食堂中的食物浪费。虽然以往有文献或者媒体报道显示了高校食堂的食物浪费现象，但是这些成果只停留在感性层面，对于哪些因素会影响到食物浪费没有太多认知。而如何减少高校食堂中的食物浪费，显然更为重要。本章基于第一手的微观调查，基于大样本数据，通过实证分析发现了性别、学历、浪费习惯，家庭经济水平，饭菜重量、对饭菜口味的满意度以及南北区域差异对个体的食物浪费行为有显著影响。因此，建议进一步深度挖掘男女差异，主要是关注女大学生为何更可能浪费，例如，女性食量较小而食堂饭菜按照男女统一标准供给饭菜，女性因减肥而特意少吃等等。建议参照国外经验，在大学课程中增加食育类课程，尤其是对本科生、习惯浪费食物和家庭经济较好的学生进行重点教育，让"粒粒皆辛苦"深入人心。培养青年大学生珍惜食物的意识，让浪费食物成为一种不被鼓励、不被提倡的行为，而不是放之任之使之成为习惯，甚至是形成浪费光荣的错误观念。建议青年大学生要合理购置食堂饭菜，减少不合理消费导致的食物浪费。建议高校食堂要提升自身业务水平，加强和学生的沟通，在充分调查的基础上，改良改善饭菜的口味，提供让青年大学生更喜爱的饭菜，从而尽可能地减少食物浪费。南北方地区的食物浪费的差异是系统性的，本章发现南方地区的食物浪费要高于北方地区。因而，后续应重点研究如何更有效减少南方"饭菜"饮食模式带来的食物浪费。

　　最后，要充分意识到影响南方人和北方人食物浪费行为的因素有差异。因而，对于南北方籍贯的青年大学生，应该根据实际情况，有针对性地进行疏导。

第六章

BMI 对高校食堂食物
浪费的影响

第一节　引言

　　随着生活条件的日益改善，人们越来越重视自己的形象和身材。在以瘦为美的主流审美标准的影响下，大多数人，特别是青年人都期待自己能拥有苗条的身材，从而获得更多的关注和正面评价。青年人为了能够瘦下来，会采取多样化措施来减肥，包括节食、服用减肥药、扎针灸、加强运动，甚至通过做特定手术（如吸脂、缩胃等）来达到这一目标。在"苗条就是美""骨感就是美"这一主流审美标准影响下，不仅体重超标的年轻人试图瘦下来，而且很多正常体重的个体，甚至是相当苗条的青年人，也加入了减肥的队伍。可以说，在青年群体中，使自己变苗条的风气正大行其道。

　　让身材变苗条的手段是多样化的，但不可否认，最简单易行的就是减少热量摄入。事实上，很多试图减肥的中国年轻人采纳过节食这种措施来控制和减少自己的体重。截至 2021 年 1 月 3 日，笔者在百度搜索引擎上只是简单地以"节食减肥"为关键词进行搜索，就出现了 739 万多条相关网页信息。其中有大量的网页详细介绍了个体怎样进行节食来减肥，以及某些个体节食减肥成功的案例。由此可见，现代人为了保持身材苗条而节食、少吃的现象并不是个案。然而，为了减肥而刻意节食，很可能引致较为严重的食物浪费问题。有部分年轻人虽然知道浪费食物是不对的，但是当购买过多食物时，为了避免过量摄入热量导致身材走形，还是会选择将可食用的食物白白浪费掉。尽管青年人为获得或保持苗条身材而浪费食物的报道频频见诸中国媒体，但不得不承认的是，当前还鲜有学术成果严谨地探讨和验证身材与青年人食物浪费行为之间的联系，对中国也是如此。

青年大学生是年轻人群体中观念较为先进的亚群体，在引领和接受社会潮流方面的表现相对突出。因此，本章选择以青年大学生为例，来开展身材与食物浪费行为的实证研究。与此同时，考虑到大规模食物浪费行为调查的便利性和可行性，本章选择在高校食堂场所进行相应的调查。选择高校食堂的另一个重要原因是，青年大学生的生活和学习规律决定了高校食堂是其最为重要的就餐场所，学校提供的餐饮也是其营养与能量摄入的重要来源。因此，对这一场所的调查更能针对性的回答：身材影响食物浪费行为吗？如果答案是肯定的，苗条的人会更浪费食物吗？并且，回答上述问题有着强烈的政策含义。早在2013年1月，习近平总书记就做出重要指示，要求厉行节约、反对食物浪费。[①] 2020年8月，习近平总书记再次对食物浪费做出重要指示，强调在全社会营造浪费可耻、节约为荣的氛围，坚决刹住餐桌上浪费粮食的不良风气。[②] 目前，全国人大已经出台《反食品浪费法》，试图加快建立治理食物浪费的长效机制。因此，本章通过对青年群体的浪费动机的揭示，也有利于为相应的政策和法规的出台提供经验借鉴，坚实微观基础。

本章后续安排如下：第二部分为文献综述，主要对食物浪费的相关研究进行了归纳和梳理。第三部分为研究设计，包括变量设置和研究方法的选择。第四部分为实证结果与分析，包括对整体样本的分析，以及对男性和女性的异质性分析，南方人和北方人的异质性分析。第五部分为进一步

---

① 资料来源：丰年不忘灾年，坚决遏制"舌尖上的浪费"［N］. 人民日报，2020－10－27.

② 资料来源：行动起来，杜绝"舌尖上的浪费"（厉行节约 反对浪费）［EB/OL］. 人民网，2020－08－12.

验证与分析，本章最后一部分为简要结论和讨论。

第二节 文献综述

联合国粮农组织（FAO）发布的一份报告称，全球生产和制造的食物中，大约有 13×10^8 吨被损耗和浪费掉，相当于约 1/3 的食物被白白浪费掉（Lipinski et al.，2013）。伦德奎斯特（Lundqvist et al.，2008）对全球食物产业链的损失情况也进行了估计，发现有 25%~50% 的食物被损耗掉。与此同时，据联合国统计，2018 年全球仍然有 8.21 亿人处于饥饿状态，即每 9 人中就有 1 人在挨饿①。因此，通过减少食物浪费来保障全球食物安全就引起了国内外众多学者的关注。

作为一项世界性议题，近年来，食物浪费领域的成果不断涌现。一些学者对特定国家（地区）或者特定群体的食物浪费规模或者浪费率进行测度。如卡拉尔和韦伯（Cuéllar and Webber，2010）对美国的研究发现，约 27% 的可食用食物在消费终端被浪费。奎斯特德等（Quested et al.，2011）对英国食物浪费规模进行了测度，发现英国家庭每年会产生 830 万吨食物浪费。卡塔贾尤里等（Katajajuuri et al.，2014）对芬兰的研究表明，平均每个芬兰家庭平均每人每年会产生 23 千克食物浪费。另一些学者则聚焦食物浪费所产生的经济代价和资源环境效应。这一类研究表明，食物浪费不仅造成了巨大经济损失，如纳赫曼等（Nahman et al.，2012）对南非的研究表明，仅仅是家庭部门的食物浪费带来的经济损失就占到南非年国内生产总值的 0.82%。帕里佐等（Parizeau et al.，2015）的研究表明，加拿大每年大约会浪费 270 亿美元的粮食。而且会带来一系列严重的资源环境问题，如里多塔等（Ridoutta et al.，2010）对澳大利亚的研究表明，食物浪费会带来水资源的巨大浪费。奎斯特德等（Quested et al.，2013）对英国的研究表明，食物浪费带来的温室气体排放问题不容忽视。张丹等

---

① 资料来源：联合国：全球 8.21 亿人处于饥饿中 9 个人就有 1 人在挨饿 [N]. 人民日报，2018 - 09 - 11.

（2016a，2016b，2016c）基于中国北京市餐饮服务业的调查表明，食物浪费引致的氮足迹、碳足迹和磷足迹规模十分惊人。

还有一些学者认为，除关注食物浪费现状，食物浪费带来的经济、环境影响外，还需聚焦如何有效减少食物浪费（廖芬等，2018）。为此，越来越多的成果试图去揭示微观主体浪费食物的动机。已有文献表明，人的决策相对复杂。既受到内在因素，如个体客观特征，认知、观念、习惯、偏好等因素的影响（Visschers et al.，2016；Russell et al.，2017），也受到外在因素，如家庭特征、就餐特征、饮食文化、信息干预等因素的影响（Schanes et al.，2018；Di et al.，2019）。考虑到个体在不同的场所很可能有差异化的食物浪费行为，已有文献细分为关于城乡居民家庭食物浪费（孙中叶，2009；江金启等，2018），餐饮服务业食物浪费（Bai et al.，2016；张盼盼等，2018；王禹等，2018），医院场所食物浪费（Barton et al.，2000；Zakiah et al.，2005），超市和零售业食物浪费（Buzby and Hyman，2012；Moult et al.，2018），包括中小学食堂和高校食堂在内的公共食堂场所食物浪费（Whitehair et al.，2013；Boschini et al.，2018），在多个领域形成了较为丰富的成果。

通过梳理已有文献，依然发现已有研究还存在以下几点不足。第一，关于食物浪费的研究多针对欧美发达国家（Secondi et al.，2015），如美国、英国、欧盟地区国家，等等，关于广大发展中国家，尤其是针对中国食物浪费的研究相对不足。第二，就数据获取而言，由于食物浪费行为调查开展的难度较大，获得准确的数据耗时耗力且成本不菲。因此，当前大多数成果采取二手数据推断（Muth，2011）、自我估算剩余（廖芬等，2018；Stancu et al.，2016）等方法来开展研究，很难保证研究结果的准确性。即使少数学者进行了问卷调查并获得了第一手数据，但多数调查样本量偏小，其代表性值得商榷（Xue et al.，2017）。第三，就研究视角而言，已有文献从经济、社会、文化等多个维度出发（Porpino，2016），考察了个体客观与主观特征（如年龄、性别、浪费态度，等等）、家庭特征、餐饮环境、文化背景、外在信息干预等多个因素对食物浪费的影响，但是尚未有成果从身材视角来予以解读。目前，关于个体身材的相关成果主要来自医学、心理学、教育学等领域，主要关注哪些因素会影响个体身材（郭思玉等，2018），个体身材会如何影响其身体健康和心理健康（黄伟等，2018）。但鲜有成果从经济学视角来考察身材如何影响个体行为，只有少数文献在研究其他议题时将其作为控制变量引入（张车伟，2003）。

有鉴于此，本书选择以中国高校食堂作为调研场所，在 29 个省份的 29 所高校开展了食物浪费调查，对 9192 位青年大学生的食物浪费行为进行了分析，并从个体身材的视角来解读青年人的食物浪费表现。本章可能的贡献在于：第一，丰富了食物浪费领域的中国研究，尤其是青年大学生群体在高校食堂场所的食物浪费表现。当前，关于中国高校食堂场所食物浪费的学术成果较为鲜见。但欧美发达国家高校食堂场所的食物浪费日益引起学者关注，如佩因特等（Painter et al.，2016）对南非罗得斯大学的问卷调查，平托等（Pinto et al.，2018）对葡萄牙里斯本大学农学院餐厅持续一个月的追踪调查，肖布罗克等（Schaubroeck et al.，2018）以比利时根特大学为对象进行的案例研究。因此，本章的开展有助于加深对中国食物浪费的认知，也能够提供高校公共食堂场所食物浪费的中国证据。第二，相对已有研究，本章使用剩余称重法这种相对精确的方法（Martins et al.，2014），获得了青年群体浪费食物的第一手数据，且样本量较大。尽管食物浪费领域的文献逐渐增加，但大多数成果要么基于案例研究或者小样本的调查，要么基于二手数据进行推断和分析，很少对食物浪费行为进行较大规模的调查（Xue et al.，2017）。其他一些典型性调查，如中国营养与健康调查（CHNS）只是简单询问了居民家庭的食物浪费情况（江金启等，2018），相关问题十分有限，很难深入开展食物浪费的研究。本章对中国 29 个省份 29 所高校进行了广泛调查，通过剩余重量称重法获得相对准确的食物浪费数据，从而弥补了中国高校食堂场所缺乏基于全国范围有代表性的一手数据的缺憾。第三，本章从身材这一独特视角对青年群体的食物浪费现象进行了解读与检验。尽管关于身材和食物浪费的社会性讨论颇为丰富，但少有研究较为严谨地去检验身材究竟会如何影响个体的食物浪费行为（罗屹等，2023），从而也无法知晓一些流行认知是否成立（如女性相对男性更可能因为身材而节食，从而造成更多的食物浪费）。而且，通过理解和判断新时期青年人，尤其是青年大学生这一群体的食物浪费表现及其内隐动机，能够为针对性政策措施的出台提供理论与经验支撑，以有效减少"舌尖上的浪费"。

第三节 研究设计

一、变量设置

（一）被解释变量

食物浪费行为是本章所关注的被解释变量，不同于大多数文献使用单一指标来显示，本章同时使用三个指标来测度，从而更全面地度量食物浪费。其一，根据就餐后是否有可食用食物的剩余，引入"是否有食物浪费"的二分类虚拟变量。其二，通过剩余称重法，将餐后可食用食物按照11个大类予以分类称重①，并精确到小数点两位，计算出本餐次的食物浪费量（江金启等，2018）。其三，根据实际就餐情况，换算餐前的标准重量和餐后的剩余重量，进而得出本餐次的食物浪费率（钱龙等，2019）。当然，一些食物垃圾，如蔬菜皮、豆渣、骨头，以及饭菜中的汤汁均不属于此次被浪费食物范畴。对整体样本的统计结果显示，高达74%的大学生在食堂就餐时出现了食物浪费，人均每餐次食物浪费量达到了61.03克，人均每餐次的食物浪费率为12.13%。

（二）核心解释变量

青年大学生的身材是本章核心解释变量，使用个人的BMI这一指标来指示。BMI的英文全称为body mass index，通常翻译为身体质量指数。个体BMI值是用体重千克数除以身高米数的平方的方式计算得到的。目前，BMI是国际上衡量人体身材胖瘦程度的一个通用标准。当个体的BMI值越小时，表明其身材越苗条。反之，说明个人越肥胖，身材越臃肿。

---

① 餐后调查员收集被调查者的餐盘，按照米饭、面食、猪肉、牛羊肉、禽肉、水产品、蛋类、乳制品、豆制品、蔬菜、瓜果类一共11个大类，使用电子秤对餐盘剩余予以分类称重。

（三）控制变量

借鉴已有文献（Schanes et al.，2018；Porpino，2016），引入了个体维度、家庭维度、餐饮维度、信息干预和区域特征维度，一共5个方面的控制变量。

具体而言，个体维度，已有文献表明个体的客观特征，如性别、年龄、学历可能会影响到个体食物浪费行为（王禹等，2018；Buzby and Guthrie，2002；Hamilton et al.，2005），因而予以引入。不同民族和宗教信仰会带来差异化的文化背景、餐饮习俗，这些也可能会影响食物浪费行为（Thyberg and Tonjes，2016），因此也需要控制。一个较流行的认知是，非独生子女和独生子女的成长环境有差异，导致独生子女更可能产生食物浪费（江金启等，2018），因此本章也控制了这一特征变量。既有文献多表明，不能忽视个体日常饮食浪费的惯性（钱龙等，2019），因此，本章引入了饮食浪费习惯这一特征变量。

关于居民家庭食物浪费和餐馆就餐食物浪费行为的已有文献表明，家庭层面特征对个体的食物浪费行为也有一定影响。因此，本章予以借鉴，引入了家庭来源地、家庭人口规模和家庭经济水平这3个特征变量（Segrè et al.，2014；Parizeau et al.，2015）。公共食堂消费属于外出就餐，考虑到大学生在高校食堂就餐的特点，本章引入了餐次和是否工作日就餐来控制大学生的学习和生活规律可能的影响，引入餐盘类型来控制食堂食物供给的特点。既有文献多支持，出现食物浪费的一个重要诱因是，食物供给超过了个体对食物的需求（Bai et al.，2016；王灵恩等，2012），因此引入变量个体购置饭菜重量这一影响因素。此外，有文献表明个体对食物的主观评价会显著影响浪费情况（孙中叶，2009），因此引入个体对饭菜口味的满意度这一特征变量。

有部分学者关注了信息干预对个体食物浪费行为的影响，一部分研究支持信息干预有助于减少食物浪费（廖芬等，2018；张盼盼等，2018），一部分成果却发现信息干预效果不明显，无法减少个体的食物浪费（Young et al.，2017）。考虑中国高校的实际情况，本章引入了个体接触节粮宣传的频率和对光盘行动了解程度这两个控制变量。

此外，既有研究较少考虑区域特征差异。中国是一个大国，不同地区的异质性很强，包括东部、中部、西部和南北方地区差异。因此，本章引入是否东部地区、是否中部地区和是否南方地区三个区域维度虚拟变量。

上述变量的定义和描述性分析如表6-1所示。

表6-1　　　　　　　　　　变量定义及描述性分析

变量名称	变量定义	观测值	均值	标准差
食物浪费行为	此次就餐是否有浪费：1＝有；0＝没有	9128	0.74	0.44
食物浪费量	此次就餐食物剩余重量（克）	9128	61.03	73.71
食物浪费率	此次就餐食物剩余重量×100/此次就餐食物重量（%）	9121	12.13	14.55
身材	BMI指数＝体重（千克）/身高的平方（米）	9161	20.68	2.81
性别	1＝男；0＝女	9191	0.52	0.50
年龄	岁	9169	21.25	2.33
学历	1＝研究生；0＝本科生	9169	0.19	0.39
民族	1＝汉族；0＝少数民族	9146	0.90	0.30
宗教信仰	1＝有宗教信仰；0＝没有宗教信仰	9141	0.08	0.28
是否独生子女	1＝是独生子女；0＝不是独生子女	9161	0.43	0.49
饮食浪费习惯	1＝从不；2＝偶尔；3＝经常；4＝总是	9158	2.11	0.61
家庭来源	1＝农村；2＝乡镇；3＝城市	9186	1.81	0.80
家庭人口规模	被调查人家庭总人口数（口）	8564	1.67	0.53
家庭经济水平	每月生活费支出：1＝少于等于1000元；2＝1000~1500元；3＝1500元以上	9126	1.74	0.76
餐次	1＝午餐；0＝晚餐	9099	0.55	0.50
是否工作日就餐	1＝是；0＝否	9115	0.70	0.46
餐盘类型	1＝合成餐盘；0＝分装餐盘	8972	0.66	0.47
购置饭菜重量	被调查人此次就餐饭菜重量（克）	8511	524.54	155.38
对饭菜口味的满意度	3＝较为满意；2＝一般满意；1＝不太满意	8486	2.40	0.59
接触节粮宣传的频率	1＝较多接触；0＝较少接触	9158	0.41	0.49
对光盘行动了解程度	1＝较为了解；0＝不太了解	9170	0.74	0.44
是否东部地区	学校所在区位：1＝东部；0＝非东部	9192	0.41	0.49
是否中部地区	学校所在区位：1＝中部；0＝非中部	9192	0.21	0.41
是否南方地区	学校所在区位：1＝南方；0＝北方	9192	0.49	0.50

二、模型选择

借鉴已有文献，本章将基准模型设定如下：

$$\text{Food-waste} = \lambda_0 + \lambda_1 \text{BMI} + \sum g_i X_i + \varepsilon_i \qquad (6-1)$$

其中，Food-waste 表示个体的食物浪费行为，分别使用本餐次是否有食物浪费现象、餐次食物浪费量和餐次食物浪费率三个指标来表示。BMI 是本章的核心解释变量，是显示个体身材胖瘦程度的关键指标。X_i 表示一系列的控制变量，ε_i 为随机误差项。具体模型选择方面，由于个体是否有食物浪费行为是一个二元虚拟变量，因而本章选择 Probit 模型予以分析。食物浪费量和食物浪费率均为非负数，因此本章使用 Tobit 模型来予以分析。

第四节 实证结果与分析

一、整体样本分析

为验证身材如何影响青年人的食物浪费行为，表6-2首先进行全样本分析。实证结果表明，BMI 在 1% 显著性水平上负向影响个体是否有食物浪费、餐次食物浪费量和餐次食物浪费率，表明 BMI 对青年大学生高校食堂就餐食物浪费行为的影响十分稳健。计算边际效应，发现当 BMI 指数增加一单位时，个体食物浪费概率会下降 0.78 个百分点，平均每餐次食物浪费量会减少 1.52 克，平均每餐次食物浪费率会降低 0.30 个百分点。这意味着，身材越苗条的个体在高校食堂就餐时，相应的食物浪费概率越高，食物浪费量越多，食物浪费程度越严重。

表6-2　　　　　　　　　BMI 与食物浪费行为：基准回归

变量	是否有食物浪费	食物浪费量	食物浪费率
BMI	-0.025 *** (0.006)	-1.524 *** (0.376)	-0.298 *** (0.075)

续表

变量	是否有食物浪费	食物浪费量	食物浪费率
性别	-0.214 *** (0.035)	-23.217 *** (2.151)	-4.745 *** (0.427)
年龄	0.012 (0.009)	1.295 ** (0.612)	0.299 ** (0.122)
学历	-0.144 ** (0.056)	-8.082 ** (3.611)	-2.152 *** (0.717)
民族	-0.098 * (0.056)	0.239 (3.347)	0.041 (0.665)
宗教信仰	0.038 (0.059)	-2.284 (3.627)	-0.004 (0.720)
是否独生子女	0.014 (0.045)	1.847 (2.819)	0.428 (0.561)
饮食浪费习惯	0.416 *** (0.029)	37.656 *** (1.697)	7.174 *** (0.337)
家庭来源	-0.004 (0.023)	-1.843 (1.416)	-0.249 (0.281)
家庭人口规模	0.022 (0.041)	2.499 (2.544)	0.412 (0.505)
家庭经济水平	0.088 *** (0.022)	4.102 *** (1.381)	0.889 *** (0.274)
餐次	0.016 (0.032)	2.942 (1.972)	0.453 (0.392)
是否工作日就餐	0.038 (0.034)	4.740 ** (2.147)	0.882 ** (0.427)
餐盘类型	-0.017 (0.033)	3.038 (2.074)	0.725 * (0.412)
购置饭菜重量	0.001 *** (0.000)	0.145 *** (0.007)	0.006 *** (0.001)
对饭菜口味的满意度	-0.133 *** (0.027)	-14.320 *** (1.666)	-2.654 *** (0.331)
接触节粮宣传的频率	0.006 (0.033)	-0.229 (2.081)	0.062 (0.413)
对光盘行动了解程度	-0.074 * (0.038)	-1.901 (2.304)	-0.268 (0.458)

续表

变量	是否有食物浪费	食物浪费量	食物浪费率
是否东部地区	0.008 (0.038)	9.294 *** (2.334)	1.738 *** (0.464)
是否中部地区	−0.001 (0.042)	−4.918 * (2.644)	−1.010 * (0.525)
是否南方地区	0.136 *** (0.033)	20.290 *** (2.019)	4.140 *** (0.401)
常数	−0.306 (0.281)	−82.263 *** (17.891)	−5.629 (3.556)
sigma	—	83.986 *** (0.798)	16.716 *** (0.159)
Pseudo R^2	0.069	0.020	0.020
观测值	8097	8097	8106

注：*** 、** 、* 分别表示在1%、5%和10%的显著性水平，括号内为标准误。

控制变量方面，稳健影响个体食物浪费行为的包括个体层面的性别、学历和饮食浪费习惯，家庭层面的家庭经济水平特征，餐饮特征维度的购置饭菜重量和对饭菜口味的满意度，以及区域层面的是否南方地区虚拟变量，表明上述7个特征变量对个体的食物浪费行为的影响不可忽视。具体而言，相对男性，女性的食物浪费现象更突出，这与已有成果一致（Buzby and Guthrie，2012）。相对本科生，研究生出现食物浪费的概率较低，食物浪费量更少，食物浪费程度更轻。饮食浪费习惯在1%显著性水平上促进个体的食物浪费，这与理论相符。家庭经济水平也显著提升了大学生在食堂就餐的食物浪费概率、每餐次浪费量和浪费率，说明家庭条件越优越，个体越不珍惜食物，这与关于居民家庭和餐馆就餐食物浪费行为的相关成果高度一致（Segrè et al.，2014；Gustafsson et al.，2013）。餐饮维度，个体购置饭菜重量越大时，出现食物浪费的可能性更高，食物浪费量越多，食物浪费程度也更重，这与已有文献也一致（Bai et al.，2016）。对饭菜口味的满意度会显著负向影响个体的食物浪费行为，当个体对食堂饭菜口味越满意时，出现食物浪费的可能性更低，食物浪费量更少，食物浪费率也更低。区域层面，相对北方，南方个体出现食物浪费的概率更低，食物浪费量更少，食物浪费程度更轻，即北方人比南方人更容易浪费食物。

二、男性和女性的异质性分析

一个普遍的认知是，相对男性，女性对身材有着更高的要求，年轻女性为了维持苗条身材而刻意节食和少吃的现象也比男性更普遍。因此，预测BMI可能对男性和女性的食物浪费行为有着不同程度的影响，且BMI很可能对女性的影响程度更高。为此，本章按照性别差异将整体样本区分为两个分样本。结果显示（见表6-3），BMI对男性和女性的食物浪费行为均有显著影响，且影响方式与整体样本无异。随着个体BMI的增加，无论是男性还是女性，出现食物浪费的可能性会降低，平均每餐次食物浪费量会更小，食物浪费率也更低。但就影响力度来看，通过计算边际效应，发现一个有趣的现象是：在控制住其他变量的前提下，BMI对女性的影响相对小，对男性食物浪费行为的影响反而大。这与社会上的流行认知相悖，说明在高校食堂就餐时，相对男性，女性并没有刻意为了保持苗条身材而更多、更严重地浪费食物。相反，在食堂就餐时，女性表现得比男性更节约和珍惜食物。诸如"女性为了减肥而刻意浪费食物""女性为了维持苗条身材而更多浪费食物"的流行观点，至少在高校食堂场所是不成立。

表6-3　　　　　　　　　　食物浪费行为的男女对比分析

变量	是否有食物浪费		食物浪费量		食物浪费率	
	女性	男性	女性	男性	女性	男性
BMI	-0.019**	-0.032***	-0.815*	-2.488***	-0.249**	-0.395***
	(0.009)	(0.008)	(0.528)	(0.534)	(0.111)	(0.100)
控制变量	Yes	Yes	Yes	Yes	Yes	Yes
常数	-0.622	-0.312	-115.561***	-67.273***	-11.161**	-3.711
	(0.444)	(0.375)	(26.105)	(24.792)	(5.475)	(4.623)
sigma	—	—	83.003***	83.736***	17.435***	15.644***
			(1.094)	(1.149)	(0.230)	(0.216)
LR chi^2	323.81***	286.40***	854.60***	584.70***	579.57***	367.52***
Pseudo R^2	0.079	0.057	0.022	0.016	0.020	0.014
观测值	3942	4155	3942	4155	3944	4162

注：***、**、*分别表示在1%、5%和10%的显著性水平，括号内为标准误。其他变量与表6-2中的控制变量相一致。

三、南方人和北方人的异质性分析

由于历史、地理、气候等多个方面的不同，长期以来，中国南方和北方的粮作模式有很大差异（Talhelm et al.，2014）。在南方，人们主要种植水稻；在北方，人民则主要种植小麦。长此以往，导致了南方人的主食是稻米，形成了南方主流的"饭菜"饮食模式；北方人主要吃面食，形成了北方占主导地位的"粉面"饮食模式。那么，在不同的主流饮食模式下，身材胖瘦对南方人和北方人的食物浪费行为有无异质性影响呢？为此，本章按照个体家庭的所在地，将整体样本区分为南方人和北方人两个分样本。描述性分析发现，北方籍贯青年大学生平均 BMI 值为 20.723，南方籍贯大学生平均 BMI 值为 20.646，南方人相对苗条一点，但是两者相差不大。这与 2015 年"中国肥胖指数"的发现一致，该指数也发现中国人存在"南瘦北胖"的现象[①]。

进一步进行计量实证分析，结果表明（见表 6 - 4），BMI 指数对南方人和北方人的食物浪费行为均有显著负向影响，这与整体样本保持一致。证实无论是南方人还是北方人，都存在越胖的人越不浪费食物、越瘦的人越浪费食物的规律。但通过计算边际效应，不难发现，BMI 指数对北方人食物浪费行为的影响更大。BMI 不仅能更有效降低北方人的食物浪费概率，也能在更大程度上减少北方人的绝对浪费量和相对浪费量。当 BMI 增加一个单位时，南方人平均每餐次食物浪费量会减少 1.55 克，北方人则会减少 1.65 克；南方人平均每餐次食物浪费率会下降 0.31 个百分点，北方人则会下降 0.32 个百分点。

表 6 - 4 　　　　　　　　食物浪费行为的南北对比分析

变量	是否有食物浪费		食物浪费量		食物浪费率	
	南方人	北方人	南方人	北方人	南方人	北方人
BMI	- 0.024 *** (0.008)	- 0.029 *** (0.009)	- 1.553 *** (0.532)	- 1.652 *** (0.524)	- 0.309 *** (0.107)	- 0.322 *** (0.102)

① 资料来源："南瘦北胖"真的存在吗？［EB/OL］. 搜狐网，2022 - 10 - 25.

续表

变量	是否有食物浪费		食物浪费量		食物浪费率	
	南方人	北方人	南方人	北方人	南方人	北方人
控制变量	Yes	Yes	Yes	Yes	Yes	Yes
常数	-0.457 (0.405)	-0.209 (0.396)	-100.803*** (26.48)	-63.295*** (23.94)	-8.728 (5.318)	-2.511 (4.690)
sigma	—	—	86.746*** (1.137)	79.650*** (1.101)	17.457*** (0.229)	15.614*** (0.217)
LR chi^2	366.98***	319.48***	909.83***	570.48***	718.48***	375.08***
Pseudo R^2	0.078	0.071	0.023	0.016	0.024	0.015
观测值	4200	3894	4200	3894	4208	3895

注：***、**、*分别表示在1%、5%和10%的显著性水平，括号内为标准误。其他变量与表6-2中的控制变量相一致。

第五节　进一步验证与分析

一、稳健性检验

表6-2呈现了基于全样本的基准回归，并发现BMI指数越大，个体有食物浪费的概率越低，食物浪费量越少，食物浪费程度越轻。从而初步证实，苗条的人会更浪费食物。这里做进一步的稳健性检验。本章采纳针对中国人编制的标准BMI，当BMI指数小于18.5时，可以认定个体身材偏瘦，体重偏轻。当BMI指数在18.5～23.9时，可以认定个体体重在正常范围，属于适中身材。当个体BMI指数超过24时，可以判断为体重超重，属于偏胖型身材。[①] 因此，本章首先按照个体BMI属于哪一个区间，将整体样本区分为苗条型身材、适中型身材和偏胖型身材，并进行简单的描述性对比分析。

表6-5显示，三个类别的分样本中，苗条型个体有食物浪费的概率高

---

① 更为具体的，当BMI指数在24～26.9时，认定为偏胖；BMI指数在27～29.9时，认定为肥胖，BMI指数≥30时，认定为重度肥胖。

达 80.13%，比适中型身材高 6.96 个百分点，比偏胖型身材高出 14.39 个百分点。平均每餐次食物浪费量方面，苗条型身材个体的餐次食物浪费量为 74.70 克，是适中型身材个体的 1.27 倍，是偏胖型身材个体的 1.51 倍。三类亚群体中，偏胖型身材个体平均每餐的食物浪费率最低，只有9.43%，低于整体样本水平。苗条型身材个体的食物浪费率最高，达到了15.19%，比适中型身材个体的食物浪费率高 3.52 个百分点，比偏胖型身材个体的食物浪费率高 5.76 个百分点。因此，描述性再次支持前述判断：越苗条的人，越浪费食物。

表 6-5　　　　　　　不同体型个体食物浪费行为的描述性分析

类别	认定标准	是否有食物浪费（%）	餐次食物浪费量（克）	餐次食物浪费率（%）
苗条型身材	BMI < 18.5	80.13	74.70	15.19
适中型身材	18.5 ≤ BMI < 23.9	73.17	58.82	11.67
偏胖型身材	BMI ≥ 24	65.74	49.64	9.43

为进一步验证上述判断，在表 6-6 中，本章将适中型身材设定为对照组，引入了苗条型身材（1 = 是；0 = 否）和偏胖型身材（1 = 是；0 = 否）两个虚拟变量。结果显示，在控制其他变量的前提下，相对于适中型身材，苗条型身材个体更可能浪费食物、平均每餐次食物浪费量和食物浪费率也更高。同时，相对于适中型身材，偏胖型身材的个体有着更低的食物浪费概率，平均每餐次的食物浪费量和食物浪费率也较低。因此，表 6-6稳健地表明，身材确实会影响个体食物浪费行为，相对而言，苗条的人会更浪费食物。

表 6-6　　　　　　　BMI 与食物浪费行为：稳健性检验

变量	是否有食物浪费	食物浪费量	食物浪费率
苗条型身材	0.122 *** (0.043)	8.513 *** (2.521)	1.741 *** (0.502)
偏胖型身材	− 0.170 *** (0.050)	− 9.514 *** (3.321)	− 1.473 ** (0.660)
控制变量	Yes	Yes	Yes

续表

变量	是否有食物浪费	食物浪费量	食物浪费率
常数	− 0.845 *** (0.260)	− 114.023 *** (16.592)	− 11.73 *** (3.302)
sigma	—	84.083 *** (0.799)	16.76 *** (0.160)
LR chi^2	639.82 ***	1483.53 ***	1111.23 ***
Pseudo R^2	0.070	0.020	0.020
观测值	8105	8105	8114

注：*** 、** 、* 分别表示在1%、5%和10%的显著性水平，括号内为标准误。其他变量与表6 – 2中的控制变量相一致。

二、工具变量回归

上述回归稳健地表明，BMI 值越低，即个体越苗条时，食物浪费情况会更严重。但一个明显的事实是，平时摄入量少的个体，身材会更加苗条；日常摄入量多的个体，通常身材更加臃肿。也就是说，身材的胖瘦和食物浪费行为很可能存在反向因果联系。为了缓解这种可能的内生性问题，本章尝试引入工具变量来予以解决。本章选择除本人外，所属学校其他同性别个体的平均 BMI 值作为个体 BMI 的工具变量。之所以如此，是因为身材从来都不是以个体的方式存在着，而是嵌入社会文化范畴之中（吴加才，2011）。人属于社会性物种，非常在意其他群体成员对自己的看法，也会根据其他人的评价来调整自己，让自己和大多数人保持一致。从生物进化规律来看，人们采取这种从众策略，其本质是适应外在环境，达到和所在群体的最大程度兼容，让其他个体更愿意接受自己和善意对待自己。来自生物学、心理学、教育学、经济学、社会学、人类学等多个领域成果也支持，人们的决策和行为有着十分明显的"同群效应"（王春超、钟锦鹏，2018），对于过着群体生活的青年大学生来说更是如此。

在主流评价体系下，与美丽的容颜一样，苗条的身材也是个人赖以为傲的资本。且相对于不可改变的容颜，个体能够通过多种手段来管控自己的身材。生活在大学校园中的青年大学生，每天都会接触很多年龄差不多的同性个体，他们会自然而然地观察身边其他同性个体的身材。如果自己的身材和其他同性个体相差较大，如过于肥胖，就很可能引致同性个体的嘲笑和排斥，导致自己也很难融入群体。因此，为了更合群，个体很可能会主动调节 BMI，让自己的身材和所在社群其他同性个体大致相同。特别是在消费主义流行的后现代社会，身材已经不纯粹是外在的形象，也是符号价值的载体（王瑞鸿，2005）。苗条意味着自制力，肥胖则意味着懒惰和缺乏纪律。为了给别人留下好的印象，使他人积极地评价自己，个体很可能会积极地对自我身材进行管控。因此，在逻辑上学校层面其他同性个体的平均 BMI 值满足相关性要求。[①]另外，群体层面其他同性个体的平均 BMI 与个体食物浪费行为没有直接的联系，满足外生性要求。基于工具变量的拟合回归如表 6－7 所示。表 6－7 中，三个方程的 Wald 检验均通过了 1% 显著性水平检验，说明 BMI 确实是一个内生性变量，需要引入工具变量来予以解决。进一步使用 "Weakiv" 命令进行检验，结果支持学校层面其他同性个体的平均 BMI 值不是一个弱工具变量。

表 6－7　　　　　BMI 与食物浪费行为：工具变量稳健性检验

变量	是否有食物浪费	食物浪费量	食物浪费率
BMI	−0. 298 *** (0. 029)	−25. 418 *** (5. 938)	−4. 197 *** (1. 120)
控制变量	Yes	Yes	Yes
常数	4. 944 *** (0. 636)	356. 437 *** (110. 858)	65. 892 *** (20. 887)
athrho	0. 936 *** (0. 173)	—	—
lnsigma	0. 953 *** (0. 008)	—	—
alpha	—	24. 035 *** (5. 949)	3. 922 *** (1. 122)

① 第一阶段回归结果显示，工具变量在 1% 的显著性水平上正向影响个体的 BMI，表明学校层面其他同性个体的平均 BMI 值确实会影响到个体的 BMI 值。囿于篇幅限制，本章没有显示第一阶段回归，如有需要，请向作者索取。

续表

变量	是否有食物浪费	食物浪费量	食物浪费率
lns	—	4.429 *** (0.010)	2.816 *** (0.010)
lnv	—	0.953 *** (0.008)	0.953 *** (0.008)
Wald	29.35 ***	18.32 ***	12.21 ***
观测值	8097	8097	8106

注：*** 、** 、* 分别表示在1%、5%和10%的显著性水平，括号内为标准误。其他变量与表6-2中的控制变量相一致。

对比表6-2和表6-7的拟合结果不难发现，有效控制可能的内生性问题后，BMI仍然十分稳健地影响个体食物浪费行为。BMI值越低时，个体出现食物浪费的可能性越低，平均每餐次食物浪费量越少，食物浪费率也越低。因此，拥有苗条身材的个体会更浪费食物的判断再次得到验证，表明这一发现是稳健的。

第六节　结论与启示

本章基于29个省份29所高校的第一手调查，以青年大学生为例，并在高校食堂就餐的特定情境下，检验了身材是否影响青年人的食物浪费行为这一命题。统计性描述发现，整体样本中，青年大学生的食物浪费现象较为普遍，高达74%的大学生在食堂就餐时出现了食物浪费，人均每餐次食物浪费量达到了61.03克，人均每餐次的食物浪费率为12.13%。将样本区分为苗条型身材、适中型身材、偏胖型身材三个亚类，发现苗条型身材出现食物浪费的比例最高，平均每餐次的食物浪费量和食物浪费率也更高。基准回归模型发现，BMI指数越大，个体有食物浪费的概率越低，食物浪费量越少，食物浪费程度越轻。引入身材类型虚拟变量开展的稳健性检验也表明，身材确实会影响个体食物浪费行为，相对而言，苗条的人会更浪费食物。为了缓解身材胖瘦程度和食物浪费行为之间可能存在的反向因果联系，引入工具变量进一步进行验证，仍然发现BMI越高，相应的食物浪费越少，再次支持苗条的人会更浪费食物的判断。因此，本章的研究提供了中国青年群体，尤其是青年大学生群体中，身材影响食物浪费的实证证据。

此外，异质性分析发现，在控制住其他变量的前提下，BMI对女性的影响相对小，对男性食物浪费行为的影响反而大。相对南方人，BMI对北方人食物浪费行为的影响更大。最后，要特别关注性别、学历、饮食浪费习惯、家庭经济水平、购置饭菜重量和对饭菜口味的满意度对个体食物浪费的影响。具体表现为，相对于男性，女性更可能浪费食物，食物浪费也越多；相对于本科学历，研究生学历有助于减少食物浪费；平时饮食浪费越频繁的个体，此次调查产生食物浪费的可能性越大，食物浪费也越严重。随着家庭经济条件的改善，个体越可能在就餐中产生食物浪费，食物浪费量越多，食物浪费率也更高。餐前购置饭菜重量越大，个体在就餐中所产生的食物浪费的可能性越大，浪费量越大，浪费率越高。随着个体对饭菜口味的满意度的提升，就餐时产生食物浪费的可能性越低，每餐次的食物浪费也更少。基于上述研究，不难得出以下几点启示。

首先，身材确实会显著影响个体的食物浪费行为。个体的BMI值越大，相应的食物浪费越少。即苗条的人更浪费食物。因此，要特别关注青年群体为了管控身材而引发的食物浪费。可加大宣传，引导青年群体形成正确的食物消费观和健康观，树立浪费可耻的消费观念，让青年群体更多选择节食以外的其他路径来维持和减少体重，有效杜绝"舌尖上的浪费"。

其次，要注意到不同类别青年群体的异质性。研究发现，相对于女性，男性群体因为身材产生食物浪费的可能性更高；相对于南方人，北方人的食物浪费行为受个体身材的影响更大。因此，在引导青年群体为管控身材而食物浪费时，需要识别出需要关注的重点群体，并给予重点关注。

最后，要抓紧研究女性相对男性、本科生相对研究生、家庭经济条件好相对于经济条件差的群体为何更浪费食物，识别隐藏在背后的作用机制。鉴于饮食浪费习惯、购置饭菜重量和对饭菜口味的满意度对个体食物浪费行为有稳健的影响，因此要从培养青年群体节约食物的日常习惯、劝止其超正常需求购置过多食物和销售小盘小份食物，改善食物供给质量和口味等方面来减少食物浪费。此外，抓紧出台国家层面的反食物浪费法，通过法律手段约束个体的食物浪费行为也十分迫切。幸运的是，2021年4月中国已经正式通过了《反食品浪费法》，期待该法能够在促进食物节约中发挥关键作用。

第七章

南北方饮食文化对高校食堂
食物浪费的影响

第一节 引言

　　2018年10月16日，第38个世界粮食日主题是"努力实现零饥饿"。尽管已经迈入了21世纪，但是饥饿仍像幽灵一样飘荡在人类社会。据联合国粮农组织、联合国世界粮食计划署和欧盟联合发布的《全球粮食危机报告2018》显示，2017年全球有51个国家约1.24亿人受到急性粮食不安全的影响①。联合国2018年发布的《世界粮食安全和营养状况》也指出，2017年全球面临食物不足困境的人口约8.21亿，相当于全世界每9个人中就有1个人受到饥饿的威胁。然而，在饥饿肆虐的同时，全世界却有大量的食物被白白浪费掉。伦德克维斯（2008）对全球食物产业链的食物损失情况进行了估计，发现大约有25%～50%的食物被损耗掉。联合国粮食与农业组织（FAO）2011年发布的报告称，全球生产和制造的食物中，大约有 13×10^8 吨被浪费，约占当年全球食物总产量的32%（Lipinski et al., 2013）。如果这些食物不被损耗，而是被有效利用起来，则足以充分供给

---

① 资料来源：从农业文化遗产保护看零饥饿目标实现［EB/OL］．人民网，2018-10-16.

全球的饥饿人口，实现世界"零饥饿"的美好愿望也可能成为现实。

食物浪费发生在食物供应链的各个环节（高利伟等，2015）。其中，收获、干燥、储藏、运输、加工、销售等流通过程发生的浪费属于技术层面的损耗（曹芳芳等，2018），是一种相对客观的食物损失。而消费终端的食物浪费则更多是人为引起，多属于人们主观行为引致的食物浪费。相对而言，流通阶段的食物浪费容易得到解决，这部分食物损耗可以通过技术、物流与设备水平的创新与升级予以缓解。而消费终端的食物浪费则更难遏制，人类决策的复杂性决定了减少这一层面的食物浪费面临诸多困难（王灵恩等，2015）。也正是因为如此，近年来，食物浪费的驱动因素（成升魁等，2012；BAI et al.，2016；江金启等，2018），以及如何才能有效缓解或减少食物浪费（Gjerris and Gaiani，2013；Porpino，2016；张盼盼等，2018；廖芬等，2018）引起越来越多的学者关注。有较多文献对居民家庭的食物浪费现象进行了探讨，发现居民家庭的食物浪费行为受到多重因素的影响，包括个体特征（如性别、年龄、文化程度等）、对食物浪费的认知和观念（Wang et al.，2014；Visschers et al.，2016）、消费习惯等（Koivuouro et al.，2012），以及家庭层面特征，如家庭人口规模（Song et al.，2015）、人口结构（Hamilton et al.，2005）、家庭经济水平（Segre et al.，2014）、家庭对食物保鲜设备的科学运用（Kaukonen et al.，2014）等。随着居民在外消费的日益普遍，餐饮服务业的食物浪费现象也得到较多关注（王灵恩等，2015；成升魁等，2012；王禹等，2018），已有文献发现，除个体特征、家庭特征外，餐饮质量、就餐原因、面子文化、信息干预等因素也可能影响到居民在外就餐的食物浪费行为（Bai et al.，2016；张盼盼等，2018；孙中叶，2009）。关于其他场所食物浪费也有部分文献涉及，比如马利特等（Marlette et al.，2005）和亚当斯等（Adams et al.，2005）对中小学食堂食物浪费进行了调查，巴兹比和海曼（Buzby and Hyman，2012）、莫尔特等（Moult et al.，2018）对超市和零售业食物浪费的研究，巴顿等（Barton et al.，2000）和扎基亚等（Zakiah et al.，2005）对医院病人食物浪费行为的分析，怀特黑尔等（Whitehar et al.，2013）、舍尔霍费尔等（Scherhaufer et al.，2018）对大学食堂食物浪费的调查，等等。

尽管食物浪费更多发生在发达国家和地区，但是作为发展中国家的中国，同样存在较为严重的食物浪费。近年来，食物浪费现象得到国内部分学者的关注，初步形成一批有影响力的成果。一些研究对食物浪费规模进行了测算，如中国农业大学的一项研究表明，2006～2008年中国人浪费的食物总量足以养活2.5亿～3亿人[1]。胡越等（2013）利用GTAP模型测算了中国食物浪费量，估算出中国一年的粮食浪费量为1.2亿吨，相当于浪费了2.76亿亩播种面积和316.1亿立方米农业用水。来自中国科学院地理科学与资源研究所的一项研究表明，中国2015年在餐桌上浪费的粮食高达1700万～1800万吨，相当于3000万～5000万人一年的食物量[2]。江金启等（2018）基于中国健康与营养调查，推算出2016年中国居民家庭全年食物浪费总量高达1055.60万～1501.55万吨，相当于当年4.47%～5.2%的粮食被白白浪费。另外，还有一些文献涉及食物浪费导致的负面资源环境效应。如宋国宝等（Song et al.，2015）基于CHNS数据，分析了中国居民食物浪费带来的碳足迹和水足迹。王灵恩等（2012）基于拉萨市餐饮业食物消费的调查，对食物浪费的资源环境成本进行了定量核算。张丹等（2016a，2016b，2016c）基于北京市餐饮机构的调查，分析了餐馆食物浪费的氮足迹、碳足迹和磷足迹。但整体而言，国内关于食物浪费的研究仍然较少，且既有文献视角偏宏观，基于微观视角分析个体食物浪费行为的成果还不多见（张盼盼等，2018；廖芬等，2018）。

公共食堂作为大多数居民日常就餐的主要形式，日益引起国外学者的关注。如佩因特等（Painter et al.，2016）对南非罗兹大学205名大学生的问卷调查，平托等（Pinto et al.，2018）对葡萄牙里斯本大学农学院餐厅持续一个月的追踪调查，洛伦茨等（Lorenz et al.，2017）对德国一所大学343名大学生的调查，肖布罗克等（Schaubroeck et al.，2018）以比利时根特大学为对象进行的案例研究等。中国高校食堂中的食物浪费十分惊人。有诸多媒体曾对中国高校食堂的食物浪费现象进行深度采访，并感叹青年大学生不懂得"粒粒皆辛苦"，不珍惜宝贵的粮食。例如人民网2013年的

---

[1] 资料来源：全国每年浪费掉食物可养活2.5亿到3亿人［N］.新民晚报，2011－06－23.

[2] 资料来源：中国科学院研究显示：中国食物浪费量约为每年1700万～1800万吨［EB/OL］.中国科学院地理科学与资源研究所网站，2016－11－28.

调查、央视网 2017 年的报道等。然而，当前还鲜有研究聚焦中国高校食堂场所的食物浪费。据教育部和国家统计局公开发布的资料显示，2017 年中国已经拥有各类高校 2914 所，在校大学生数量达到 3753.5 万人，位居世界第一。因此，对中国高校的食堂浪费进行调查，分析青年大学生食堂就餐的浪费行为及其影响因素，不仅有助于揭开高校食堂场所食物浪费的黑箱，而且有助于针对性地出台政策来减少高校食堂领域的食物浪费规模。

本章并不打算从个体特征、家庭特征、餐饮特征等传统视角来研究中国高校食堂的食物浪费现象，而是选择从南北差异视角来分析个体的食物浪费行为。正如一些跨国研究所发现的那样（Secondi et al.，2015），不同国度的消费习惯、饮食文化有较大差异，不同的饮食模式和饮食文化导致不同国家居民的食物浪费行为有较大差异（Wang et al.，2014；Visschers et al.，2016；Parfitt et al.，2010）。在研究中国高校食堂的大学生食物浪费行为时，很可能也需要考虑地域饮食差异。中国是一个地理面积广袤的国度，不同区域人们的餐饮习俗和饮食文化有很大差异。一个经常被提及、很难被忽视的是南方人和北方人的饮食差异。中国北方主要种植小麦，中国南方主要种植水稻，这也造成了北方人更多以面粉为主食，形成了北方特色的"粉面"饮食模式；而南方人则更多以米饭为主食，注重以菜品配合米饭，形成了南方主流的"饭菜"饮食模式（Talhelm et al.，2014）。同一所大学的学生来自四面八方，他们的饮食习惯和饮食文化不可避免地烙上鲜明的地域特点。鉴于南北方的主流饮食模式差异明显，因此本章试图探索：在高校食堂就餐时，南方人和北方人的食物浪费表现有差异吗？南方人和北方人，谁更可能浪费食物，谁浪费了更多食物，谁的食物浪费程度更严重？如果南方人和北方人确实存在差异化食物浪费表现，是不是南北方不同饮食模式引致的呢？

本章后续安排如下：第二部分是研究设计，对特征变量的引入进行了详细说明，并介绍了相应的研究方法；第三部分是实证结果与分析，包括描述性分析和整体样本的计量分析；第四部分是作用机制检验和进一步分析，主要是验证南北方主流饮食模式是否是南方人和北方人差异化食物浪费表现的作用机制；本章最后一部分是简要结论与讨论。

第二节　变量与模型

一、变量设置

（一）食物浪费行为

食物浪费行为是本章所关注的被解释变量，以往成果多关注是否有食物浪费现象，或者关注食物浪费量的测度，也有少数文献涉及食物浪费率的测度，却少有研究同时使用这三个指标。主要原因是获得准确的食物浪费数据耗时耗力，在实践操作中十分困难，导致大多数成果依赖于二手数据。考虑到单一指标难以有效反映个体的食物浪费行为，本章同时使用上述三个指标来予以测度，从而更为全面地显示个体在食堂就餐时的食物浪费行为。其一，根据大学生就餐后是否有可食用食物的剩余，设定一个二分类变量。其二，更为准确地，本章通过剩余称重法，将餐后的可食用食物进行分类和称重，精确到小数点后 2 位（单位：克），加总之后计算出本餐次的食物浪费量（Derqui and Fernandez，2017）。其三，根据个体实际就餐的品种，通过换算餐前的标准重量和餐后的剩余重量，得出本餐次的食物浪费率（Boschini et al.，2018）。其中，获取指标二和指标三需要经历较为繁杂的清理和称重过程，这里参考既有成果，将餐前和餐后的食物予以分类进行称重，[①]并精确到小数点后两位。但一些食物垃圾，如蔬菜皮、豆渣、骨头、汤汁等不属于食物范畴的不在统计范围之内（张盼盼等，2018）。因此，相对以往研究，本章对个体食物浪费行为的测度不仅更加精确，而且更加全面。

（二）南北方籍贯

本章重点关注南方人与北方人的食物浪费行为差异，因此，使用家庭

---

① 此次调查将食物剩余按照米饭、面食、猪肉、牛羊肉、禽肉、水产品、蛋类、乳制品、豆制品、蔬菜、瓜果类一共 11 个大类分别进行了称重。

户籍所在地来识别大学生的南北方籍贯，设置一个二元变量来显示个体是南方人还是北方人。南北划分方面，按照共识，以秦岭—淮河为南北分界线，将四川、云南、重庆、贵州、广西、湖北、湖南、安徽、江苏、上海、浙江、江西、福建、广东、海南等 15 个省份划分为南方，将黑龙江、吉林、辽宁、内蒙古、新疆、甘肃、青海、宁夏、陕西、山西、河北、北京、天津、山东等 14 个省份划分为北方。

（三）其他控制变量

个体的食物浪费决策十分复杂，受到多个层面因素的影响（Lorenz et al.，2017）。参考已有文献，本章引入个体特征维度、家庭特征维度、餐饮特征维度和区域特征维度 4 个层面的控制变量。

个体特征层面，本章引入了性别、年龄、学历、BMI 指数、是否独生子女、民族、接触节粮宣传的频率一共 7 个控制变量。以往研究表明，不同性别、年龄、文化水平和体格特征的个体，其食物浪费行为可能存在一定差异（Hamilton et al.，2005；王禹等，2018；Buzby and Guthrie，2002），因此予以控制。一个流行的认知是，相对于非独生子女，独生子女更可能浪费食物（江金启等，2018），因而引入是否独生子女这一虚拟变量。除上述客观特征外，考虑到不同民族的文化背景差异较大，这可能影响到个体的食物浪费决策（Thyberg and Tonjes，2016），因而也予以引入。近年来，通过信息干预来减少食物浪费，引起了越来越多的学者重视。一些研究支持，有效的信息干预能够减少食物浪费（张盼盼等，2018）；但也有一些研究发现，信息干预并不能有效减少食物浪费（Young et al.，2017）。考虑到中国高校的实际情况，本章引入个体接触节粮宣传的频率来识别信息干预所发挥的作用。

家庭特征维度，本章引入家庭人口规模、家庭经济水平这 2 个控制变量。虽然并非针对食堂就餐中出现的浪费行为，但关于居民家庭和餐馆消费的食物浪费研究证实，家庭人口规模可能会对个体食物浪费行为有影响（Parizeau et al.，2015）。因此，本章也予以控制。家庭富裕程度被较多的文献证实很可能对个体的食物浪费行为有影响（Segre et al.，2014），因而，本章也引入这一变量来控制家庭经济条件可能发挥的作用。

餐饮特征层面，本章引入了餐次、就餐持续时间、一同就餐人数、饭菜重量、餐盘类型、对饭菜口味的满意度一共 6 个相关控制变量。之所以引入餐次、就餐持续时间和一同就餐人数是考虑到大学生日常饮食规律和公共场所就餐特点可能发挥的影响。产生食物浪费的一个重要来源是超标准食物供给，因此引入餐前饭菜重量这一变量（Bai et al.，2016；王灵恩等，2012）。且以往研究发现，食堂提供的配餐工具可能会影响到食物浪费（Marlette et al.，2005）。因此，本章也予以引入。除上述客观特征，还不能忽视个体对餐饮质量主观评价所发挥的作用。通常而言，个体对餐饮口味的满意度越高，所产生的食物浪费会越少（孙中叶，2009）。

此外，鉴于中国地域广大，因此不能忽视区域异质性这一客观事实。其中，一个显而易见的表现是，东部、中部和西部的经济社会发展有明显的层次性。有鉴于此，本章引入了是否东部和是否中部两个虚拟变量，来控制这一层面因素所发挥的作用。

上述变量的定义和相应的描述性分析如表 7 - 1 所示。

表 7 - 1　　　　　　　　变量定义及描述性分析

变量名称	变量定义	观测值	均值	标准差
食物浪费行为	本餐次是否有浪费：1 = 有；0 = 没有	9128	0.74	0.44
食物浪费量	本餐次各类食物剩余重量加总（克）	9128	61.03	73.71
食物浪费率	本餐次各类食物剩余重量加总×100/此次就餐各类食物的标准重量加总（%）	9121	12.13	14.55
南北方籍贯	被调查人家庭所在地：1 = 南方；0 = 北方	9157	0.54	0.50
性别	1 = 男；0 = 女	9191	0.52	0.50
年龄	岁	9169	21.25	2.33
学历	1 = 研究生；0 = 本科生	9169	0.19	0.39
BMI 指数	BMI = 体重（千克）/身高的平方（米）	9161	20.68	2.81
是否独生子女	1 = 是独生子女；0 = 不是独生子女	9161	0.43	0.49
民族	1 = 汉族；0 = 少数民族	9146	0.90	0.30
接触节粮宣传的频率	1 = 较多接触；0 = 较少接触	9158	0.41	0.49
家庭人口规模	1 = 3 人及以下；2 = 4 ~ 6 人；3 = 7 人及以上	8564	1.67	0.53

续表

变量名称	变量定义	观测值	均值	标准差
家庭经济水平	学生每月生活费支出：1 = 少于等于 1000 元；2 = 1000 ~ 1500 元；3 = 1500 元以上	9126	1.74	0.76
餐次	1 = 午餐；0 = 晚餐	9099	0.55	0.50
就餐持续时间	此次就餐持续多久（分钟）	9164	1.55	0.57
一同就餐人数	和被调查人一起来食堂就餐人数（人）	8473	1.89	0.78
餐前饭菜重量	被调查人此次就餐饭菜重量（克）	8511	524.54	155.38
餐盘类型	1 = 合成餐盘；0 = 分装餐盘	8972	0.66	0.47
饭菜口味满意度	3 = 较为满意；2 = 一般满意；1 = 不太满意	8486	2.40	0.59
是否东部地区	高校所在区位：1 = 东部；0 = 非东部	9192	0.41	0.49
是否中部地区	高校所在区位：1 = 中部；0 = 非中部	9192	0.21	0.41
南北方区位	高校所在区位：1 = 南方；0 = 北方	9192	0.49	0.50

二、模型选择

为有效测度南北方籍贯对个体食物浪费行为的影响，本章借鉴已有文献，将基准模型设定如下：

$$Food\text{-}waste = \beta_0 + \beta_1 S\text{-}N + \sum g_i X_i + \varepsilon_i \tag{7-1}$$

其中，Food-waste 表示大学生的食物浪费行为，本章分别使用本餐次是否有食物浪费现象、餐次食物浪费量和餐次食物浪费率三个指标来予以表示。S - N 是本章的核心解释变量，表示个体是南方人还是北方人。X_i 表示一系列控制变量，ε_i 为随机误差项。因而，本章主要通过系数 β_1 来判断南北方籍贯对大学生食物浪费行为的影响。具体模型方面，由于个体是否有食物浪费行为是二分类变量，因而选择二元 Probit 模型予以分析。对于食物浪费量和食物浪费率，本章则使用 Tobit 模型分析南北方籍贯对个体食物浪费量和食物浪费率的影响。

第三节 实证结果与分析

一、描述性分析

为直观显示南方人与北方人的食物浪费行为差异，本章首先进行简单的分组对比分析（见表7-2）。结果显示，南方人和北方人出现食物浪费现象的概率相差不多，南方人仅仅比北方人高1.21个百分点。但每人每餐的食物浪费量和食物浪费率方面，南北方人的差别较大。南方人每人每餐食物浪费量比北方人高12.98克，每人每餐食物浪费率高2.95个百分点。因而，统计描述性分析初步表明，在高校食堂就餐时，南方人比北方人更可能出现食物浪费，浪费的食物更多，食物浪费程度更重。

表7-2　　　　　　　　　　描述性分析

分组	是否有食物浪费（%）	每人每餐食物浪费量（克）	每人每餐食物浪费率（%）
南方人	74.36	67.08	13.51
北方人	73.15	54.10	10.56

二、计量模型分析

为了进一步验证南北方籍贯对大学生食物浪费行为的影响，按照基准模型，表7-3进行了相应的计量模型分析。在实证分析之前，首先进行了多重共线性检验，结果显示，所有变量的VIF值都小于10，不存在严重共线性问题。研究结果表明（见表7-3），南北方籍贯分别在5%、1%和1%的显著性水平上正向促进个体是否有食物浪费、本餐次的食物浪费量和本餐次的食物浪费率。即相对于北方人，南方人确实更可能出现食物浪费，在高校食堂就餐时浪费更多，浪费程度更重。通过计算边际效应，发现相对于北方人，南方人出现食物浪费的概率平均要高2.05个百分点，平均每餐食物浪费量会多17.10克，平均每餐的食物浪费率要高3.45个百分点。这也意味着，在高校食堂就餐时，南方籍学生确实比北方籍学生更浪费食物。

表 7 - 3 　　　　　　　　　南北方籍贯与食物浪费行为

变量	是否有食物浪费	食物浪费量	食物浪费率
南北方籍贯	0.065 ** (0.031)	17.102 *** (2.057)	3.450 *** (0.407)
性别	- 0.263 *** (0.034)	- 29.554 *** (2.187)	- 5.947 *** (0.433)
年龄	0.005 (0.009)	0.733 (0.631)	0.186 (0.125)
学历	- 0.147 *** (0.056)	- 7.643 ** (3.730)	- 2.004 *** (0.739)
BMI 指数	- 0.034 *** (0.006)	- 2.472 *** (0.387)	- 0.479 *** (0.077)
是否独生子女	0.007 (0.043)	0.612 (2.832)	0.222 (0.561)
民族	- 0.081 (0.053)	2.833 (3.366)	0.449 (0.666)
接触节粮宣传的频率	- 0.057 * (0.031)	- 5.048 ** (2.058)	- 0.843 ** (0.408)
家庭人口规模	0.028 (0.040)	2.883 (2.615)	0.457 (0.518)
家庭经济水平	0.114 *** (0.021)	6.648 *** (1.380)	1.377 *** (0.273)
餐次	0.022 (0.031)	4.552 ** (2.043)	0.778 * (0.404)
就餐持续时间	0.131 (0.028)	1.760 (1.796)	0.402 (0.356)
一起就餐人数	0.029 (0.020)	2.871 ** (1.300)	0.512 ** (0.257)
餐前饭菜重量	0.001 *** (0.000)	0.143 *** (0.007)	0.006 *** (0.001)

变量	是否有食物浪费	食物浪费量	食物浪费率
餐盘形式	-0.017 (0.033)	3.642 * (2.146)	0.823 * (0.425)
饭菜口味满意度	-0.185 *** (0.027)	-19.699 *** (1.713)	-3.694 *** (0.340)
东部	0.036 (0.037)	13.596 *** (2.395)	2.596 *** (0.474)
中部	-0.002 (0.041)	-2.812 (2.713)	-0.616 (0.537)
常数	0.752 *** (0.264)	28.246 (17.664)	16.001 *** (3.499)
sigma	—	87.294 *** (0.829)	17.317 *** (0.165)
LR chi^2	416.03 ***	946.49 ***	608.68 ***
Pseudo R^2	0.045	0.012	0.011
观测值	8157	8157	8166

注：*** 、 ** 、 * 分别表示在1%、5%和10%的显著性水平，括号内为标准误。

控制变量方面，个体特征层面的性别、学历层次、BMI、接触节粮宣传的频率4个特征变量通过了显著性检验。具体表现为，相对于男性，女性更可能出现食物浪费现象，本餐次食物浪费量和本餐次食物浪费率也更高。说明大学生在高校食堂就餐时，女性更浪费食物（Buzby and Guthrie，2002）。学历方面，相对于本科生，研究生有着更低的食物浪费概率、食物浪费量和食物浪费率也更低，表明更高的文化水平有助于减少食物浪费。BMI指数始终在1%的显著性水平上负向影响个体是否有食物浪费行为、本餐次的食物浪费量和食物浪费率，表明个体的BMI指数越高，越有助于减少食物浪费，这与理论预期相符。接触节粮宣传的频率对个体食物浪费行为也有显著影响，相对于较少接触节粮宣传的个体，较多接触节粮宣传的个体出现食物浪费现象的概率更低，食物浪费量更少，食物浪费率也更低。这意味着信息干预有助于减少食物浪费，这与以往的研究保持一致（张盼盼等，2018）。年龄、是否独生子女和民族3个变量始终没有通过显著性检验，表明年龄不是影响个体食物浪费的关键因素，独生子女也没有比非独生子女表现得更浪费食物，汉族与少数民族在食物浪费方面没有系统性差异。

家庭特征层面，家庭人口规模虽然对是否有食物浪费、食物浪费量和食物浪费率的影响均为正，但是没有通过显著性检验，表明这一因素对大学生在高校食堂的食物浪费行为没有关键影响，这与针对居民家庭食物浪费行为的发现并不一致（Song et al.，2015），说明家庭消费和外出公共就餐存在差异。与预期一致，家庭经济水平始终在1%的显著性水平上正向促进大学生的食物浪费，表现为家庭条件越优越，个体出现食物浪费的概率越高，食物浪费量越大，食物浪费率也越高。这与关于居民家庭食物浪费的研究以及居民在餐馆就餐时的食物浪费表现一致：经济条件越好食物浪费现象越严重（Segre et al.，2014；Gustavson et al.，2011）。

餐饮特征层面，餐次对大学生是否有食物浪费并没有显著影响，表明个体吃午餐和吃晚餐出现食物浪费的概率相差不大。然而，是吃午餐还是吃晚餐会影响到食物浪费量和食物浪费率。相对于晚餐，午餐时个体的食物浪费量更多，相应的食物浪费率也更高。就餐持续时间没有通过显著性检验，表明这一因素对大学生食堂就餐的食物浪费行为没有关键影响。一起就餐人数虽然对个体是否有食物浪费没有影响，但是能够显著提升个体食物浪费量和食物浪费率，表明集体行动会加剧食物浪费。与预期一致，餐前饭菜重量显著正向促进大学生的食物浪费行为，表现为个体购置的饭菜越多，越可能出现食物浪费现象，浪费的食物越多，食物浪费率更高（王灵恩等，2012）。餐盘形式被一些研究证实会影响到高校食堂的食物浪费（Marlette et al.，2005），本章发现，这一变量对个体是否有食物浪费没有影响，但是确实会显著影响个体的食物浪费量和食物浪费率。相对于分装餐盘，合成餐盘会带来更多的食物浪费量和更高的食物浪费率。既往研究表明，个体对饮食的主观评价与食物浪费行为密切相关（孙中叶，2009），本章再次印证了这一判断。发现个体对饭菜满意度越高，出现食物浪费的概率更低，相应的食物浪费量和食物浪费率也更低。

区域特征层面，变量是否东部地区对个体是否有食物浪费行为没有显著影响，说明相对于西部地区，东部地区大学生出现食物浪费的概率没有显著差异。但相对于西部地区，东部地区大学生表现出更高的食物浪费量和食物浪费率，说明经济发达地区的个体确实有着更为严重的食物浪费现象。是否中部地区则对个体是否有食物浪费、食物浪费量和食物浪费率均没有显著性影响，说明相对于西部地区大学生，中部地区大学生的食物浪费行为没有差异。

第四节 作用机制检验与进一步分析

一、作用机制检验

上述研究发现，在高校食堂就餐时，南方籍贯大学生确实比北方籍贯大学生更浪费食物。然而，这只能说明一个基本的事实，却没有揭示南方人为什么比北方人更浪费食物。一些跨国研究表明，饮食文化差异是导致不同国度居民食物浪费的根本原因（Pinto et al.，2018）。受此启发，本章猜测地域饮食文化不同或许是造成中国南方人和北方人差异化食物浪费表现的关键所在。由于地理和气候的差异，中国北方主要种植小麦，而中国南方主要种植水稻。这也导致了南方占主导地位的是"饭菜"饮食模式，北方则形成了"粉面"的饮食模式（Qian et al.，2022）。因此，南北方的主流饮食模式差异能够很好地反映南北方的饮食文化差异。那么，体现南北方饮食文化差异的主流饮食模式是否是南北方人差异化食物浪费表现的主要原因呢？为了验证这一可能的作用机制，本章引入高校所在的南北方区位来显示南北方主流饮食模式。之所以选择高校的南北方区位来显示饮食模式差异，是考虑到高校提供的公共餐饮有着很强的地域特色，日常餐饮供给中很难摆脱本地主流饮食模式的影响。进而使用中介效应模型对这一作用机制予以验证（温忠麟等，2004），检验结果如表7-4所示。

表7-4 南北饮食模式的作用机制检验：中介效应模型

变量	(1)南北方区位	(2)是否有食物浪费	(3)南北方区位	(4)食物浪费量	(5)食物浪费率
南北方籍贯	1.526 *** (0.033)	-0.037 (0.037)	1.119 *** (0.023)	5.870 ** (2.434)	1.186 ** (0.482)

续表

变量	(1) 南北方区位	(2) 是否有食物浪费	(3) 南北方区位	(4) 食物浪费量	(5) 食物浪费率
南北方区位	—	0.200*** (0.038)	—	21.096*** (2.472)	4.257*** (0.489)
常数	0.545** (0.277)	0.635 (0.265)	0.377** (0.177)	15.545 (17.646)	13.411 (3.494)
其他变量	Yes	Yes	Yes	Yes	Yes
sigma	—	—	0.769 (0.010)	86.870 (0.824)	17.228 (0.164)
LR chi^2	2993.28***	444.56***	3261.42***	1019.15***	684.24***
Pseudo R^2	0.266	0.048	0.196	0.013	0.012
观测值	8180	8157	8180	8157	8166

注：***、**、*分别表示在1%、5%和10%的显著性水平，括号内为标准误。其他变量与表7-3中的控制变量相一致。

　　列（1）中，南北方籍贯通过了显著性水平检验，列（2）中南北方籍贯变得不再显著，而指示南北方主流饮食模式差异的高校所在南北方区位通过了1%显著性水平检验。因此，可以判断南北方主流饮食模式是一个完全中介变量。即南方人比北方人更可能出现食物浪费，确实是因为南方人和北方人的主流饮食模式有所不同。相对于北方的"粉面"饮食模式，南方的"饭菜"饮食模式会增加个体食物浪费的概率。

　　同理，由于列（3）中南北方籍贯通过了1%的显著性水平检验；列（4）和列（5）中的南北方籍贯通过了5%的显著性水平检验，且高校所在南北方区位在1%的显著性水平上正向促进食物浪费量和食物浪费率。因此可以判断出，南北方主流饮食模式是一个部分中介变量。而且不难计算出，在"南北方籍贯—南北方主流饮食模式—食物浪费量"和"南北方籍贯—南北方主流饮食模式—食物浪费率"的作用路径中，南北方饮食模式分别能够解释个体80.09%食物浪费量差异和79.85%的食物浪费率差异。即在高校食堂就餐时，南方籍贯大学生比北方籍贯大学生浪费更多食物，食物浪费程度更高的一个关键原因是：南北方的主流饮食模式有显著差异。

二、进一步验证分析

上述中介效应模型表明，南北方饮食模式是引致南方人比北方人更可能浪费食物的关键所在，也是南方人比北方人浪费更多食物，浪费程度更重的主要原因。为进一步验证上述结论的可靠性，本部分基于另一种思路来予以检验。逻辑上，如果相对于北方的"粉面"饮食模式，南方的"饭菜"饮食模式确实会引致更高的食物浪费概率，带来更多的食物浪费量和更高的食物浪费率。那么，相对于在南方高校就学的南方大学生，在北方高校就读的南方大学生的食物浪费情况会有所缓解。为此，本章匹配了大学生的南北方籍贯和所就读高校的南北方区位，形成了"南方人在南方高校求学""南方人在北方高校求学""北方人在南方高校求学""北方人在北方高校求学"四个类别。并以"南方人在南方高校求学"为基准，在表7-4的基准方程之中引入了"南方人在北方高校求学""北方人在南方高校求学""北方人在北方高校求学"三个虚拟变量，拟合结果如表7-5所示。

表7-5　　　　　　　南北饮食模式与食物浪费：进一步验证

变量	是否有食物浪费	食物浪费量	食物浪费率
南北方籍贯	0.179 * (0.094)	22.048 *** (6.319)	3.557 *** (1.255)
南方人在北方求学	- 0.176 *** (0.051)	- 18.168 *** (3.348)	- 3.762 *** (0.662)
北方人在南方求学	0.030 (0.110)	12.300 (7.372)	1.171 (1.464)
北方人在北方求学	0.107 (0.100)	- 0.290 ** (6.737)	- 0.958 ** (1.338)
常数	0.566 ** (0.285)	16.412 (18.987)	14.715 *** (3.765)
其他变量	已控制	已控制	已控制
sigma	—	86.967 *** (0.825)	17.258 *** (0.164)

续表

变量	是否有食物浪费	食物浪费量	食物浪费率
LR chi^2	438.88 ***	997.89 ***	655.72 ***
Pseudo R^2	0.047	0.013	0.012
观测值	8157	8157	8166

注：***、**、*分别表示在1%、5%和10%的显著性水平，括号内为标准误。其他变量与表7-3中的控制变量相一致。

结果显示，相对于"南方人在南方高校求学"模式，"南方人在北方高校求学"通过了1%显著性水平检验，且影响方向为负。说明南方人在北方求学确实会带来更低的食物浪费概率，相应的食物浪费量会更少，食物浪费率也更低。从而再次证实，南北方的主流饮食模式是南方人和北方人食物浪费表现分化的关键所在。与此同时，"北方人在南方高校求学"这一虚拟变量并没有通过显著性检验，说明相对于"南方人在南方高校求学"，两种匹配模型下个体的食物浪费表现没有显著差异。即北方人来到南方后，没有比南方人有更低的食物浪费概率、更少的食物浪费量和更轻的食物浪费程度。这从另一层面也证实，南方人和北方人的浪费表现方面没有天然差异，南方人不是主观地更倾向于浪费食物，北方人也不是天生地就更节省食物。之所以呈现南方人比北方人更浪费食物的事实状态，其症结是南北方的主流饮食模式有显著差异。

第五节　结论与讨论

当前，食物浪费现象已经成为一项世界性议题，引起了世界各国的广泛关注。中国虽仍然是一个发展中国家，但是食物浪费现象非常突出。中国居民家庭和餐饮业的食物浪费已经得到部分学者关注，但是还鲜有文献涉及公共食堂领域的食物浪费。中国是世界上在校大学生数量最多的国家，且大学生在食堂就餐时进行食物浪费的现象相当普遍，导致高校中的食物浪费情况十分严重。本章重点对中国高等院校公共食堂的食物浪费进行了研究。

研究视角方面，不同于以往成果，本章重点从南北地域差异视角解读了个体的食物浪费行为，重点考察了南方大学生和北方大学生的食物浪费表现及其背后的作用机制。研究发现：在高校食堂就餐时，南北方籍贯显著影响个体食物浪费行为，相对北方大学生，南方大学生会更浪费食物。南方大学生不仅有着更高的食物浪费概率，而且餐次食物浪费量更多，餐次食物浪费率也更高。相对于北方人，南方人出现食物浪费的概率平均要高 2.05 个百分点，平均每餐食物浪费量会多 17.10 克，平均每餐的食物浪费率要高 3.45 个百分点。

为揭示南方大学生比北方大学生更浪费食物的原因所在，本章引入中介效应模型，探索了南北方主流饮食模式是否是南北方大学生差异化食物浪费表现的症结所在。检验结果显示，主流饮食模式不同是解释南北方大学生食物浪费行为的关键所在。即北方的"粉面"饮食模式导致了北方大学生有更低的食物浪费概率，更少的食物浪费量，更低的食物浪费率；南方的"饭菜"饮食模式导致了南方大学生更可能浪费食物，浪费了更多食物，食物浪费程度更重。

为进一步验证上述判断，本章还匹配了大学生的南北方籍贯和求学高校所在的南北方区位，并以"南方大学生在南方高校求学"模式为基准，发现"南方大学生在北方高校求学"模式下，个体有着更低的食物浪费概率、食物浪费量和食物浪费率。但"北方学生在南方高校求学"模式下，个体没有显示出较低的粮食浪费概率、食物浪费量和食物浪费率。从而稳健地证实，不是南方大学生有天然的浪费倾向，而是南方和北方的主流饮食模式不同，导致了南方大学生比北方大学生更浪费食物。因此，本章提供了一国之内不同地域个体因为饮食文化不同导致相应的食物浪费行为有较大差异的经验证据，从而丰富了本领域的研究。

当然，本章的目标并不是为了证明南方人还是北方人更浪费食物，也不是为了说明北方的"粉面"饮食模式比南方的"饭菜"饮食模式更优越，而是试图呈现一个客观事实：即相对而言，南方的饮食模式会导致更多的食物浪费。但南北方主流饮食模式是历史、文化、气候、地理等多因素共同影响下的特定产物，有自身的合理性，很难进行系统性变革，也不可能为了更多节省食物就要求南方人更多地采纳粉面为主的饮食模式。但令人鼓舞的是，当前南北方的饮食模式出现了日渐趋同的现象，南方人也越来越多的人吃面粉，这可能有助于减少食物浪费。当然，是否如此还有待后续研究予以追踪。

本章还有一些不足之处，首先，只是证实南方"饭菜"饮食模式相对引致更多和更严重的食物，但为何前者比后者更浪费食物，则有待进一步的分析。其次，只是初步从南北差异视角来解读不同区域个体的食物浪费行为分化，但是中国北方诸多省份的饮食也有差异，南方各省的饮食差异则更大。因此，后续可以进一步细化，研究不同省份的饮食差异如何影响个体的食物浪费表现。最后，本章涉及的南方大学生和北方大学生的食物浪费行为差异，仅仅是高校食堂场所就餐的青年大学生，其他场所如家庭、餐馆等是否呈现类似规律，或者更为一般的南北方人而非大学生群体的食物浪费行为是否有差异，仍然有待后续研究予以跟进。

第八章

"光盘行动"对高校食堂
食物浪费的影响

第一节　引言

　　"民以食为天"，对中国这样一个有着 14 亿多人口的世界大国而言，粮食安全的重要性不言而喻。为保障中国粮食安全，中国政府高度重视粮食生产和供给端的稳定，连续十七年的中央一号文件均提及粮食生产，并在生产政策支持、地力保护与修复等领域投入大量资源予以保障。这一系列政策效果十分显著，2004 年以来，中国粮食产量取得了历史性的"十八连丰"。2020 年，全国粮食产量为 6.69 亿吨①，粮食产量连续 8 年稳定在 6 亿吨以上。可以说，中国当前处于粮食供给最充裕的历史阶段。然而，必须承认的是，中国的粮食供给始终处于紧平衡状态，并不能完全自给，供求之间还有数百亿斤的缺口（陈锡文，2016）。并且，随着经济社会的发展和人民群众生活水平的提升，中国人的饮食需求从"吃得饱"向"吃得好"转变，消费结构日益升级，粮食需求会呈现刚性增长态势，供需缺

---

　　① 资料来源：国家统计局：2020 年全国粮食总产量 13390 亿斤 比 2019 年增长 0.9%［EB/OL］.
光明网，2020 – 12 – 10.

口只会越来越大（王钢、钱龙，2019）。

保障中国的粮食安全需要拓展思路，除了生产端发力，实现粮食供给的稳定和供给能力的提升；还应在需求端做好工作，本着减损就是增产的新思路，尽可能减少消费阶段食物浪费（Liu et al.，2013；Shafiee and Cai，2016）。从已有文献和公开报道来看，中国社会的食物浪费十分骇人。例如，中国农业大学的一项研究表明，中国人一年浪费的食物足以养活2.5亿~3亿人。2020年中国科学院地理科学与资源研究所与世界自然基金会联合发布的《中国城市餐饮食物浪费报告》显示，中国城市餐饮业食物浪费量大约为1700万~1800万吨，相当于3000万~5000万人一年的食物需求。江金启等（2018）基于具有全国代表性的CHNS调查，推算出中国居民家庭大约会浪费1055.60万~1501.55万吨食物，相当于当年中国粮食产量的4.47%~5.2%被白白浪费。如果这些被浪费的粮食能够被充分利用起来，无疑对保障中国粮食安全大有裨益。这一点也得到了国家领导层的高度认可。早在2013年，习近平总书记就做出重要指示，要求厉行节约、反对食物浪费[①]。2020年8月，习近平总书记再次针对餐饮环节的食物浪费做出重要批示[②]，指出新冠疫情的暴发给粮食安全敲响了警钟。尽管中国粮食年年丰收，安全供给基本有保障，但是全社会要对粮食安全始终保有危机意识，坚决杜绝食物浪费，大力整治浪费之风。2021年4月，全国人民代表大会常务委员会第二十八次会议审议通过了《中华人民共和国反食品浪费法》，这标志着中国反食物浪费进入了法制治理的历史新阶段。

近年来，作为餐饮消费阶段浪费重要构成的高校食堂场所食物浪费，引起学界广泛关注，但主要来自西方发达国家，比如美国、英国、德国等等（Painter et al.，2016；Pinto et al.，2018）。针对中国高校的有限几篇研究，如吴等（Wu et al.，2019）针对北京几所高校的调查，钱等（Qian et al.，2021）对全国29所高校的调查，也发现中国大学生普遍存在食物浪费行为。钱龙等（2019）对全国高校食堂的食物浪费规模进行了估算，发现全国大学生每年大约会浪费食物126万吨，规模不可谓不惊人。根据教育部

---

① 资料来源：丰年不忘灾年，坚决遏制"舌尖上的浪费"［N］. 人民日报，2020－10－27.

② 资料来源：行动起来，杜绝"舌尖上的浪费"（厉行节约 反对浪费）［EB/OL］. 人民网，2020－08－12.

发布的数据，截至 2020 年 6 月，中国有各类高校 3005 所，其中普通高等学院/学校 2740 所①，在校大学生数量 4002 万人，在校生规模位居世界第一。但是，相比国外较为丰富的研究，国内关于高校食堂食物浪费和大学生食物浪费行为的研究仍鲜见，亟须加强针对中国高校食物浪费的调查，挖掘大学生浪费食物的关键因素，为针对性减少高校食物浪费的政策制定提供决策依据。

就视角选择而言，不同于以往文献，本章重点考察以"光盘行动"为代表的食物节约运动会如何影响大学生食物浪费行为。"光盘行动"是2013 年由民间人士发起的食物节约运动。"光盘行动"倡导厉行节约、反对铺张浪费，得到全社会广泛支持，并成为 2013 年全国十大新闻热词和网络热度词汇。"光盘行动"倡导消费阶段人们尽量吃光盘中食物，2013 年以来这一食物节约运动在全国得到了广泛推广，各类营利性餐饮服务业场所、各级各类学校、企事业单位食堂中均大量设置了相关标语、标志，开展了形式多样、丰富多彩的宣传。可以说，"光盘行动"是中国社会影响范围最广、涉及人群最多的食物节约运动。

本章之所以考察以"光盘行动"为代表的食物节约运动会如何影响大学生的食物浪费，主要理由有两点。其一，"光盘行动"的本质是宣传节约意识、培养良好饮食习惯的食育教育（侯鹏等，2018）。2013 年以来，以"光盘行动"为代表的食物节约运动在全国高校得到了系统和重点推介，被期望能够有效减少"舌尖上的浪费"（朱强等，2020）。2020 年，教育部印发了《教育系统"制止餐饮浪费培养节约习惯"行动方案》，再次提及这一食物节约运动。可以说，"光盘行动"是校园内最主流的食育类教育措施（王志刚等，2018）。高校作为食物节约运动宣传的主阵地之一，关于"光盘行动"这一食物节约运动在高校食堂的减损效应尚不可知，鲜有研究对这一食物节约运动的影响进行检验。其二，本章的开展有利于和国外已有文献进行比较，在这一领域贡献来自中国的经验与教训。目前，基于这一视角的研究主要来自西方发达国家（Ellison et al.，2019），

---

① 资料来源：教育部：截至今年 6 月 30 日全国高等学校共计 3005 所［EB/OL］. 中国网，2020 – 07 – 09.

如美国（Whitehair et al.，2013），英国（Young et al.，2017），葡萄牙（Pinto et al.，2018）、丹麦（Halloran et al.，2014）等，来自广大发展中国家的经验证据还很稀缺。为此，本章拟基于一项针对中国 29 个省份 29 所高校的调查，尝试回应上述疑问，进而为更好地管控、减少高校场所的食物浪费提供决策依据。

第二节　变量设置与模型选择

一、变量设置

（一）食物浪费行为

食物浪费行为是本章的被解释变量。借鉴已有文献，本章使用两个主流指标来予以测度（Derqui and Fernandez，2017；Boschini et al.，2018）。其一，是否有食物浪费（1 = 有；0 = 无）。如果被调查者此次就餐的食物浪费量大于零，那么定义此次就餐存在食物浪费，否则界定为没有产生浪费。其二，此次就餐的食物浪费量。这一数据是通过加总餐盘中各类食物剩余量来获得浪费总量。统计结果显示，食物浪费现象在大学生群体中十分普遍。有高达 73.8% 的大学生在食堂就餐时出现了食物浪费，平均每人每餐食物剩余量达到了 61.03 克/人。

（二）"光盘行动"

以"光盘行动"为代表的食物节约运动在中国社会有着十分广泛的影响力，中国高校也将其视为最为重要的食育教育，大学生普遍听过相关宣传，只是熟悉程度上有所差异。因此，本章引入一个二元虚拟变量来考察大学生对"光盘行动"的熟悉程度。统计结果显示，近十年的宣传还是有着不错效果的，高达 74% 的大学生表示对这一食育节约运动较为熟悉。

（三）控制变量

影响大学生食物浪费行为的因素是多维的。借鉴已有文献，并考虑到大学生食物浪费的独特性，本章引入大学生个体特征、家庭特征、就餐特征、高校特征四个维度的累计17个控制变量，从而尽可能地避免遗漏变量问题。其中个体层面包括性别（Al-domi et al.，2011）、年龄（Falasconi et al.，2019）、教育程度（Wu et al.，2019）、民族、BMI（Abdullah et al.，2017）、是否独生子女（江金启等，2018）、日常餐饮习惯（Mattar et al.，2018）；家庭特征引入家庭来源（Ilakovac et al.，2020）、家庭富裕程度（Xu et al.，2020）；就餐特征包括餐次、预估的饭菜标准重量（Qian et al.，2021）、就餐时间（Rajan et al.，2018）、餐盘形式（Reynolds et al.，2019）、饭菜满意度（Lorenz et al.，2017）。考虑到区域经济发展程度差异（钱龙等，2021）和南北方的饮食文化差异（Talhelm et al.，2014），高校层面引入变量是否东部地区、是否中部地区、是否南方地区三个虚拟变量。上述各个变量的设置及描述性分析如表8-1所示。

表8-1　　　　　　　　　　变量设置及描述性分析

变量	定义	均值	标准差
是否有食物浪费	本餐次是否有食物浪费：1=有；0=无	0.738	0.440
食物浪费量	此次就餐所剩下各类可食用食物的重量（克）	61.025	73.708
"光盘运动"	较为熟悉这一食物节约运动=1； 不太熟悉这一食物节约运动=0	0.740	0.439
性别	男性=1；女性=0	0.519	0.500
年龄	2018-出生年	21.252	2.332
教育程度	研究生=1；本科生=0	0.188	0.390
民族	汉族=1；少数民族=0	0.902	0.298
BMI	BMI=体重（千克）/身高的平方（米）	20.682	2.810
是否独生子女	是否家中独生子女：是=1；否=0	0.426	0.495
日常餐饮习惯	总是或经常浪费=1；偶尔或从不浪费=0	0.201	0.401
家庭来源	城镇地区=1；农村地区=0	0.565	0.496
家庭富裕程度	被调查者每月生活费支出：小于等于1000元=1； 1001~1500元=2；超过1500元=3	1.742	0.760
餐次	午餐=1；晚餐=0	0.547	0.498
预估的饭菜重量	餐前预估的饭菜重量（克）	524.911	156.424
就餐时间	工作日=1；周末=0	0.700	0.458

变量	定义	均值	标准差
餐盘形式	合成餐盘 =1；分装餐盘 =0	0.661	0.473
饭菜满意度	不太满意 =1；一般满意 =2；较为满意 =3	2.405	0.592
是否东部地区	是 =1；否 =0	0.409	0.492
是否中部地区	是 =1；否 =0	0.215	0.411
是否南方地区	是 =1；否 =0	0.486	0.500

二、模型选择

为检验"光盘运动"这一食物节约运动对中国大学生在高校食堂就餐时食物浪费的影响，本章将基准模型设定如下：

$$Food\text{-}waste_i = \alpha_0 + \alpha_1 Clean\text{-}plate_i + \sum g_i X_i + \varepsilon_i \qquad (8-1)$$

$$Food\text{-}waste\text{-}weight_i = \beta_0 + \beta_1 Clean\text{-}plate_i + \sum k_i X_i + \varepsilon_i \qquad (8-2)$$

其中，$Food\text{-}waste_i$ 表示大学生 i 在食堂就餐时是否有食物浪费，$Food\text{-}waste\text{-}weight_i$ 表示大学生 i 此次就餐的食物浪费量。$Clean\text{-}plate_i$ 表示的是本章的核心解释变量，表示大学生 i 对"光盘行动"的熟悉程度。X_i 表示一系列控制变量，ε_i 为随机误差项。因而，本章主要通过系数 α_1 和 β_1 来判断"光盘行动"对大学生食物浪费的具体影响。模型选择方面，鉴于个体是否有食物浪费是二元虚拟变量，因而针对式（8-1）选择二元 Probit 模型予以分析。当个体的食物浪费量作为被解释变量时，由于其属于大于 0 的删失变量，更适合使用 Tobit 模型来予以分析。

第三节　实证结果与分析

一、描述性证据

为检验"光盘行动"与大学生高校食堂就餐时的食物浪费是否有关

联，首先进行简单的描述性分析。如表 8 - 2 所示，相对不太熟悉"光盘行动"的个体（76.10%），熟悉这一食物节约运动的个体有着更低的浪费概率（72.90%），且通过了 t 显著性检验。对比不太熟悉"光盘行动"大学生餐均食物浪费量（63.069 克），熟悉"光盘行动"的大学生有着更低浪费量（60.286 克），并且两组的差异通过了 10% 显著性水平的 t 检验。因此，表 8 - 2 提供了"光盘行动"减少高校食堂中大学生食物浪费的初步证据。

表 8 - 2　　　　　　　　　描述性证据

食物浪费	较为熟悉"光盘行动"	不太熟悉"光盘行动"	T 检验
是否有食物浪费	0.729	0.761	3.012***
食物浪费量	60.286	63.069	1.582*

二、计量模型分析

基于全样本的基准回归结果如表 8 - 3 所示。对于大学生是否有食物浪费，作为核心解释变量的"光盘行动"通过了 5% 显著性水平检验，且影响方向为负，表明作为食物节约运动的"光盘运动"能够显著降低大学生浪费食物的可能性。通过计算边际效应，发现相对不熟悉"光盘行动"的大学生，较熟悉这一运动大学生出现浪费的概率下降了 2.76 个百分点，这表明"光盘行动"起到了一定效果，虽然比较微弱。"光盘行动"对个体食物浪费量的影响则未通过显著性检验。无论较为熟悉还是不太熟悉这一食物节约运动的大学生，在高校食堂就餐时的食物浪费没有显著差异。这意味着"光盘运动"没能减少高校食堂产生的食物浪费量，说明作为食育教育的"光盘行动"没有取得预期的减量效应（王志刚等，2018）。

表 8 - 3　　　　　　"光盘行动"与食物浪费：基准回归

变量	是否有食物浪费	食物浪费量
"光盘行动"	- 0.901**	- 3.210
	(0.036)	(2.217)
性别	- 0.232***	- 24.218***
	(0.343)	(2.144)

续表

变量	是否有食物浪费	食物浪费量
年龄	0.010 (0.009)	1.161 * (0.612)
教育程度	− 0.145 ** (0.056)	− 7.887 ** (3.619)
民族	− 0.105 * (0.054)	0.810 (3.526)
BMI	− 0.030 *** (0.006)	− 1.807 *** (0.376)
是否独生子女	− 0.025 (0.035)	− 0.921 (2.183)
日常餐饮习惯	0.547 *** (0.046)	51.965 *** (2.485)
家庭来源	0.025 (0.035)	− 2.202 (2.190)
家庭富裕程度	0.089 *** (0.022)	4.249 *** (1.373)
餐次	0.023 (0.031)	3.551 * (1.973)
预估的饭菜重量	0.001 *** (0.000)	0.143 *** (0007)
就餐时间	0.041 (0.034)	5.176 (2.147)
餐盘形式	− 0.018 (0.034)	3.028 (2.075)
饭菜满意度	− 0.137 *** (0.027)	− 14.588 *** (1.667)
是否东部地区	0.002 (0.037)	8.805 *** (2.335)
是否中部地区	− 0.004 (0.042)	− 4.426 * (2.642)
是否南方地区	0.144 *** (0.032)	20.980 *** (2.018)
常数	0.656 *** (0.247)	0.079 (15.933)
LR chi^2	573.61 ***	1432.24 ***
Pseudo R^2	0.062	0.019
观测值	8136	8157

注：ⁱⁱⁱ ***、**、* 分别表示在1%、5%和10%的显著性水平，括号内为标准误。

控制变量方面，能同时显著影响大学生食物浪费行为的因素包括个体层面的性别、教育程度、BMI 和日常浪费习惯；家庭维度的家庭富裕程度，餐饮特征维度的饭菜重量，饭菜满意度；区域层面的是否南方高校。具体而言，相对男性来说，女性更可能发生食物浪费，平均每餐次的食物浪费量更高，这与已有文献保持一致（Painter et al.，2016；Al-doml et al.，2011）。相对本科生而言，研究生出现浪费的可能性更低，平均每人每餐的食物浪费量也更少，再次印证了教育程度的提升有利于减少食物浪费（Mattar et al.，2018）。个体的 BMI 指数越高，在高校食堂就餐时浪费食物的概率越低，也会产生更少的食物浪费量，即胖子会更少地浪费食物（Abdullah et al.，2017）。相对于日常偶尔或从不浪费食物的大学生，经常或总是浪费的个体有着更高的食物浪费概率和食物浪费量，说明良好的餐饮习惯对减少食物浪费十分关键（Parfitt et al.，2010）。家庭富裕程度显著提升了大学生出现浪费的可能性和食堂就餐时的食物浪费量，这与已有研究保持一致，说明生活水平的改善在一定程度上会助长食物浪费（Wu et al.，2019；Buzby and Hyman，2012）。餐前购置饭菜重量越多，出现食物浪费的可能性越高，就餐时产生的食物浪费量也更高，表明合理购置饭菜对减少食物浪费十分关键。与预期一致，当大学生对饭菜满意度越高时，出现浪费的概率会随之下降，食物浪费量也会减少（Lorenz et al.，2017；Lam et al.，2010）。相对在北方高校读书，在南方高校读书有利于减少食物浪费，这或许是因为南北方的主流饮食文化（尤其是主食）有差异所致（钱龙等，2021）。

三、异质性分析

为识别"光盘行动"对不同特征大学生食物浪费行为是否有异质性影响，本章按照性别、是否独生子女、来自城市还是农村、日常浪费习惯差异进行了分样本的比较分析。

首先，男性和女性对食物的需求有天然生理差异，在高校食堂就餐时的浪费表现也经常出现分异（Painter et al.，2016；Al-domi et al.，2011）。表 8-4 识别了"光盘行动"对男大学生和女大学生是否有差异化影响。

结果显示,"光盘行动"显著降低了男性和女性出现食物浪费的可能性,但就边际效应而言,对女大学生的影响更小。与基于全样本的基准回归一致,"光盘行动"对不同性别大学生的食物浪费量影响均不显著。

表 8 - 4　　　　　　　　男大学生和女大学生的比较分析

变量	是否有食物浪费		食物浪费量	
	男性	女性	男性	女性
"光盘行动"	-0.120 ** (0.048)	-0.049 * (0.055)	-3.187 (3.082)	-2.685 (3.163)
控制变量	Yes	Yes	Yes	Yes
LR chi^2	226.65 ***	314.25 ***	535.96 ***	835.41 ***
Pseudo R^2	0.045	0.077	0.015	0.022
观测值	4176	3960	4176	3960

注:***、**、*分别表示在1%、5%和10%的显著性水平,括号内为标准误。其他变量与表8-3中的控制变量相一致。

其次,有研究表明中国独生子女和非独生子女由于从小成长环境的差异,比如家长对独生子女更加溺爱,独生子女从小也无须和其他同龄人分享食物,可能导致这两类个体食物消费观念有所不同(江金启等,2018)。为识别"光盘运动"对独生子女和非独生子女的食物浪费有无异质性影响,本章进行了分样本比较分析。表8-5显示,无论是对独生子女还是非独生子女,较为熟悉"光盘行动"均能显著降低两类大学生出现食物浪费的可能,但是无法显著减少这两类大学生的食物浪费量。这意味着"光盘行动"对独生子女或非独生子女的影响没有显著差异。

表 8 - 5　　　　　　　　独生子女和非独生子女的比较分析

变量	是否有食物浪费		食物浪费量	
	独生子女	非独生子女	独生子女	非独生子女
"光盘行动"	-0.101 * (0.055)	-0.073 * (0.048)	-0.656 (3.404)	-4.372 (2.917)
控制变量	Yes	Yes	Yes	Yes
LR chi^2	201.96 ***	416.62 ***	503.33 ***	956.45 ***
Pseudo R^2	0.052	0.078	0.016	0.021
观测值	3380	4756	3380	3288

注:***、**、*分别表示在1%、5%和10%的显著性水平,括号内为标准误。其他变量与表8-3中的控制变量相一致。

原生家庭是农村还是城市会带来大学生差异化的生活体验和食物消费观念（Ilakovac et al.，2020）。因此，为识别"光盘行动"对城市户籍大学生和农村户籍大学生是否有差异化影响，表8-6进行了实证分析。结果显示，对于城市户籍大学生，"光盘行动"的食物节约效果较好，熟悉这一食育教育不仅会显著减少大学生出现食物浪费的可能性，而且能够显著减少就餐时的食物浪费量。但对于农村户籍大学生，"光盘行动"的效果不尽如人意，这一食物节约运动无法有效减少其在食堂就餐时浪费概率和食物浪费量。之所以这样，很可能是因为城市户籍大学生更早地接触各类食育教育，食物节约类信息获取更加充足，形式也更加多样，从而有着更好的干预效果。

表8-6　　　　　　　　　城市大学生和农村大学生的比较分析

变量	是否有食物浪费		食物浪费量	
	城市	农村	城市	农村
"光盘行动"	-0.158 *** (0.048)	-0.000 (0.054)	-5.163 * (2.882)	-0.073 (3.454)
控制变量	Yes	Yes	Yes	Yes
LR chi^2	311.17 ***	279.59 ***	503.33 ***	697.65 ***
Pseudo R^2	0.060	0.068	0.018	0.021
观测值	4597	3539	4597	3539

注：*** 、** 、* 分别表示在1%、5%和10%的显著性水平，括号内为标准误。其他变量与表8-3中的控制变量相一致。

有文献表明，日常餐饮习惯对食物浪费的产生至关重要（Parfitt et al.，2010）。表8-7的异质性分析显示，对于总是或经常浪费食物的大学生，"光盘行动"的节约效应不显著。但对于偶尔或从不浪费食物的个体，"光盘行动"却能显著减少其出现浪费的可能性和就餐时的食物浪费量。这意味着"光盘行动"这一食物节约运动只能对那些有着良好饮食习惯的大学生有积极作用，而不能改变那些习惯性浪费大学生的食物浪费行为。也就是说，对那些日常有着不良餐饮习惯和经常浪费食物的个体，仅仅依靠食育教育是无法取得良好效果的。

表 8 – 7	不同浪费习惯大学生的比较分析			
	是否有食物浪费		食物浪费量	
变量	总是或经常浪费食物	偶尔或从不浪费食物	总是或经常浪费食物	偶尔或从不浪费食物
"光盘行动"	0. 011 (0. 093)	– 0. 106 *** (0. 054)	3. 047 (4. 956)	– 4. 895 ** (2. 447)
控制变量	Yes	Yes	Yes	Yes
LR chi^2	91. 54 ***	280. 55 ***	284. 94 ***	582. 62 ***
Pseudo R^2	0. 079	0. 036	0. 016	0. 010
观测值	1629	6507	1629	6507

注：*** 、 ** 、 * 分别表示在 1%、5% 和 10% 的显著性水平，括号内为标准误。其他变量与表 8 – 3 中的控制变量相一致。

第四节　讨论

　　"谁知盘中餐，粒粒皆辛苦。"勤俭节约本身就是中华民族的传统美德，诸如"光盘运动"之类的食物节约运动也被期待于能够减少中国社会的食物浪费。高校食堂是食物浪费的重灾区之一，本章通过对中国 29 个省份 29 所高校 9192 名大学生的调查，发现这一食物节约运动降低了个体食物浪费的概率，说明一定的信息干预是必要的（Pinto et al. ，2018；Ellison et al. ，2019；Whitehair et al. ，2013）。但是，就食物节约效果而言，这一食育教育的减量效果不尽如人意，"光盘行动"没有显著地减少中国高校食堂场所的食物浪费量。相比较而言，英国的"Love Food, Hate Waste"食物节约运动，丹麦的"Stop Wasting Food"节约运动，均取得了较好的食物浪费减量效果（Halloran et al. ，2014）。考虑到"光盘行动"的效果不如预期得那么好，我们应当反思问题在哪里，并借鉴国外的有益经验来争取有所改变。本章虽尚不能揭示出"光盘行动"效果不佳的深层次原因，比如单纯的道德宣讲没有约束力，"光盘行动"宣传形式单一，内容贫乏，等等。但是从国外的成功实践来看，扎根校园，深耕和规划食育课程，通过完善和丰富校园食育课程体系、内容与形式，是能够取得良好食物节约效果的，这或许是中国高校食物节约运动所缺失的。

本章还证实，作为一类社会规范的"光盘行动"，是无法借助单纯的道德号召来实现减量效果的（魏健雄、于晓宇，2021），这种软性的约束只能在一定程度降低大学生浪费食物的概率（而且幅度不大），但是对实质性减少食物浪费没有太大帮助。而且异质性分析也证实，对那些有着不良餐饮习惯和经常浪费食物的个体，食物教育的效果反而不佳，而他们才是减少食物浪费的关键人群。幸运的是，2021年4月《中华人民共和国反食品浪费法》获得通过，这标志着中国社会反食物浪费治理从政策治理进入了法制治理的新阶段，食物浪费不再局限于道德约束，肆意浪费会受到法律的惩罚。尽管如此，该法案仍然强调要加强反食品浪费的宣传教育和科学普及，深入开展"光盘行动"。那么，被政策层面寄予厚望的"光盘行动"到底怎样才能发挥更好的作用呢？有研究表明，心理层面的规范感知和规范错觉对食物浪费有显著影响（陈思静等，2021）。且相对于报纸杂志、食堂宣传标语、手机短信等平面化宣传手段，更加立体的、可视化的视频音像能够给消费者带来更多触动，有利于降低规范错觉和获得更加准确的规范感知。那么，接触不同形式的"光盘行动"宣传会对大学生食物浪费表现有差异化影响吗？

为识别宣传"光盘行为"的信息干预来源差异是否会导致"光盘行动"的食物节约效应出现分化，本章进行了分组比较分析。结果显示（见表8-8），无论是看过还是没看过节约食物的视频音像，"光盘行动"均能减少大学生在食堂就餐时的浪费概率，这与基准回归的发现一致。但是当被解释变量是食物浪费量时，"光盘行动"的影响出现了分化。对比没有没看过节约食物的视频音像的大学生，有直观感受的大学生平均每餐次会更少地浪费食物。这一发现十分有趣，也是很有实践意义的，因为这一发现意味着，立体化、丰富、直观的食育教育宣传比传统、平面、间接的宣传更加有效。

表8-8　　"光盘行动"与食物浪费：不同信息干预来源的比较分析

变量	是否浪费食物		食物浪费量	
	没看过节约食物的视频音像	观看过节约食物的视频音像	没看过节约食物的视频音像	观看过节约食物的视频音像
"光盘运动"	-0.074[*] (0.043)	-0.130[*] (0.079)	-3.477 (2.680)	-1.148[*] (1.468)

续表

变量	是否浪费食物		食物浪费量	
	没看过节约食物的视频音像	观看过节约食物的视频音像	没看过节约食物的视频音像	观看过节约食物的视频音像
控制变量	Yes	Yes	Yes	Yes
LR chi^2	339.54 ***	244.90 ***	866.18 ***	568.85 ***
Pseudo R^2	0.063	0.064	0.019	0.019
观测值	4836	3288	4836	3288

注：***、**、*分别表示在1%、5%和10%的显著性水平，括号内为标准误。其他变量与表8-3中的控制变量相一致。

第五节 结论与启示

减少食物浪费对保障中国粮食安全和实现经济社会可持续发展意义重大，为了减少食物浪费，以"光盘行动"为代表的食物节约运动在中国得到了重点的和广泛的推广。中国高校场所的食物浪费严峻，本章基于全国29个省份29所高校9192名大学生的调查，重点考察了"光盘行动"对大学生食物浪费行为的影响。结果显示，中国大学生普遍存在食物浪费行为，且"光盘行动"取得了一定成效。相对不太熟悉"光盘行动"的大学生，熟悉"光盘行动"的个体有着更低的食物浪费概率。但这一食物节约运动的浪费减量效果不明显，"光盘运动"无法显著降低大学生在高校食堂就餐时的食物浪费重量，与政策预期有差距。

分样本实证分析表明，"光盘行动"对男大学生和女大学生的影响没有差异，对独生子女和非独生子女大学生的浪费行为也没有显著分化。但是"光盘行动"对城市大学生和农村大学生、不同浪费习惯个体的影响有差异。相对于农村大学生而言，"光盘行动"更能有效减少城市大学生的食物浪费。相对经常或总是浪费食物的个体，"光盘行动"能更有效地影响平时较少浪费食物的个体。宣传"光盘行动"有多种形式，而哪一类宣传形式能够增强这一食物节约运动的效果呢？结果显示，相对短信、报纸、标语等很难感受到食物浪费直观效果的间接方式宣传"光盘运动"，观看过节约食物视频音像更能显著减少食物浪费。基于上述发现，本章得出以下三点启示。

第一，要意识到在特定情景下，"光盘行动"在高校食堂场所还是有一定食物节约效应的，通过这一类食育教育，改善了一部分大学生的浪费表现，起到了节约食物的目的。但是整体效果不明显，需要加强研究，找到症结所在，尽可能地改善"光盘行动"的宣传效果。

第二，宣传"光盘行动"的方式会影响到这一食物节约运动的效果。相对目前最为流行的、非可视化的宣传手段，加强视频音像宣传"光盘运动"能够取得更好的效果。因此，后续应更多采纳更加形象化，能够让受众直观感受食物浪费的宣传方式，借助电视、微信小程序、短视频等新媒介，以青年大学生喜闻乐见的方式宣传食物节约运动。

第三，既然单独的道德约束效果不佳，那么，除了依赖"光盘行动"这一类食育教育，还应加快落实《中华人民共和国反食品浪费法》，让法制治理成为减少食物浪费的定海神针和坚实保障。目前，虽然《反食品浪费法》已经出台，但是该方案如何具体实施和落地还在探索中，法律、行政主管部门和高校需要相互沟通、协调，加快探索食堂场所的法律实践。

高校食堂食物浪费的
生态足迹研究

第一节 引言

近年来，全球食物浪费议题引起学界和政策层面的广泛关注重点
（Adelodun et al.，2021）。据联合国粮农组织（FAO）估计，全球大约有
1/3 的食物被无端损耗或浪费（Gustavsson et al.，2011）。但在大量食物被
白白浪费的同时，全球仍有大量贫困人口面临食物不安全与营养供给不足
问题，其中近 8.28 亿人遭受饥饿的威胁（FAO et al.，2022）。因此，减少
食物浪费被视为是保障全球食物安全的重要举措。事实上，食物浪费不仅
意味着食物中营养和能量的白白损失（Wu et al.，2019）；而且意味着生产
这些食物所需资源的无端浪费，同时食物浪费也会对环境承载力带来新挑
战（Song et al.，2015）。其中，一个不能忽视的影响就是食物浪费带来的
生态足迹问题。有研究表明，食物浪费生态足迹总量不菲（Wang et al.，
2018），造成了资源环境的过度开发，负面影响不容忽视。因此，减少食
物浪费也被联合国列为 17 项可持续发展目标（SDG）之一，是一项需要迫
切解决的重大现实问题。

"生态足迹"是指现有技术条件下，某一人口单位需要多少具备生产

力能力的土地和水域，来生产其所需资源和吸纳所衍生的废物（Borucke et al.，2013）。生态足迹越大，表明环境负荷越大，对资源的消耗强度越高。《中国生态足迹报告》显示，虽然中国人的人均生态足迹为1.6公顷，全球排名中等。但有着14亿多庞大人口的中国，生态足迹总量在世界上处于前列。近年来，由于经济快速发展和居民生活水平的提升，中国人食物消费结构不断升级，导致中国食物生态承载压力持续加大，生态赤字形势日益凸显（Cao et al.，2020）。因此，有效降低食物消费相关的生态承载力，对更好保障中国粮食安全和实现可持续发展非常关键。从已有文献来看，通过贸易来丰富食物供给来源，改变居民食物消费结构是降低生态足迹总量的两个重要举措（Goldstein et al.，2017），除此以外，减少食物浪费也被越来越多地视为减少生态压力的关键措施（Chen et al.，2017；Chen et al.，2020）。如果这些被浪费的食物被节约下来，那么区域或国家层面的生态足迹总量会显著下降（Wang et al.，2023），生态承载力会得到明显改善（Betül et al.，2023；Wu et al.，2023）。

近年来，关于食物浪费生态足迹研究逐渐增多（Van Noordwijk and Brussaard，2014），包括宏观层面对全球（Chen et al.，2020）、国家（Song et al.，2018）或区域层面食物浪费（张丹等，2016a，2016b；Wang et al.，2018）的生态足迹总量进行评估，也有涉及居民家庭（Li et al.，2019）、餐馆（Xu et al.，2020）、中小学食堂（Liu et al.，2016）等特定场所的生态足迹估算；微观层面研究主要从考察哪些因素会对个体食物浪费的生态足迹量有关键影响，识别可能的驱动因素（Li et al.，2020）。但是通过文献梳理发现，高校食堂这一类特定场所产生的食物浪费没有得到应有重视（Qian et al.，2021；Zhang et al.，2021），大学生这一特定群体食物浪费生态足迹产生的关键影响因素没有得到充分识别（Klein-Banai and Theis，2011；Genta et al.，2022），关于中国高校的经验研究更是十分匮乏（Wu et al.，2019）。

为此，本章拟基于一项涉及29个省份29所高校的调查，以大学食堂食物浪费为例，对中国高校食堂食物浪费及其生态足迹进行测度，识别不同特征大学生产生差异化生态足迹的关键影响因素，以丰富相关领域的中国研究。之所以选择中国高校食堂作为调查对象，主要是基于以下三方面考虑：首先，中国有着世界上规模最为庞大的高等教育机构，在校学生数量也位列世界第一。有文献证实，中国大学生在食堂就餐时的食物浪费颇为严峻（钱龙等，2019）。随着中国高等教育规模仍然持续增长，这一群体产生的食物浪费和相应的生态足迹不容忽视。其次，大学生是青年群体中素质较高的那一批，有道德责任减少自身产生的食物浪费和负面环境效应，为可持续发展做出贡献（Qian et al.，2021）。因此，有必要找出哪些因素会影响其食物浪费生态足迹。从而为有效减少这一群体的食物浪费提供抓手。最后，大学食堂场所的食物浪费是家庭外消费食物浪费的重要来源，近些年来也得到国际学界的广泛重视。学者们对美国（Whitehair et al.，2013）、南非（Painter et al.，2016）、葡萄牙（Pinto et al.，2018）、比利时（Schaubroeck et al.，2018）等西方发达国家的高校食物浪费进行了调查研究。然而，关于中国大学的相关研究较少，进行相应生态足迹测度的更是鲜见。因此，有必要基于代表性调查，深入探究中国高校学生食物浪费状况，并据此制定针对性的减量政策。

基于此，本章拟基于一项涉及 29 个省份 29 所高校 9192 名大学生的全国性调查，采用直接称重法对大学生在食堂就餐时产生的食物浪费进行估算，并测算相应的生态足迹。本章的边际贡献主要有以下三点：第一，首次基于全国层面调查，对高校食堂食物浪费生态足迹进行测度的研究，有助于理解中国高校场所食物浪费带来的环境效应；第二，从个体特征、家庭特征、就餐特征、饮食文化、高校区位多个维度进行了异质性分析，识别出了影响大学生食物浪费生态足迹的重要影响因素，有助于更好管控不同群体产生的食物浪费和相应的生态足迹；第三，进一步对比了中西方大学生食物浪费及生态足迹差异，有助于加深本领域的研究深度。

第二节　研究方法与数据处理

一、食物浪费测度

为了更准确地获取高校食堂食物浪费数据，首先，必须明确食物浪费的内涵。联合国粮农组织（FAO）将任何改变食物的可用性、可食性、有益于健康的特性或质量，从而减少了它对人的价值的后果统称为食物损失，将供应链末端消费阶段的食物损失定义为食物浪费，但骨头、壳和皮等不可食用的部分不属于食物浪费范畴（WRAP，2009；Parfitt et al.，2010）。本章采纳这一主流定义，并将浪费的食物种类划分为蔬菜、肉类（猪肉、禽肉和牛羊肉）、水产品、蛋类和粮食（大米和小麦）5 大类。为了更好地与西方高校进行比较，本章所指的食物浪费仅限于固体浪费，不包括汤、食用油、饮料和牛奶等液体（Falasconi et al.，2015；Whitehair et al.，2013；Wu et al.，2019）。

其次，必须明确食物浪费数据的获取方法。相比于二手数据推断法，如主观估计法、图像预估法、日记法，直接称重法虽然耗时耗力，但是所得的数据更加准确客观（Stancu et al.，2016），能够更精准地分析食物浪费现状。鉴于全国层面高校食堂浪费数据十分稀缺，为此，本章借鉴王灵恩等（2017）和吴等（Wu et al.，2019），采纳直接称重法来获取中国高校食堂食物浪费的一手数据。

此外，生食（食物原材料）加工为熟食过程中不可避免的物水分含量变化和烹饪损失也是不可忽视的一点。为此，借鉴王灵恩等（Wang et al.，2018）和曹等（Cao et al.，2014），本章拟利用熟食—生食转换系数，将所浪费的熟食数目转换为对应的生食数量，以便更加准确测度食物浪费量。至于由农产品加工转换为生食过程中，因能量和物质耗散所产生的生态排放量的增加，借鉴恰佩尔（Chappell，1954）、阿德罗杜姆等（Adelodun et al.，2021）的研究，进一步利用生食—农产品转换系数加以换算。

具体转换系数和数据来源见表 9 - 1，计算公式列述如下：

$$FW_{Total} = FW_D \times N \times 270 \tag{9-1}$$

$$FW_D = \sum_{k=1}^{5} FW_k \tag{9-2}$$

$$FW_k = \frac{\sum_{i=1}^{9192} FW_{ik} \times C1_k \times C2_k \times 2}{9192} \tag{9-3}$$

其中，FW_{Total} 表示中国高校食堂全年食物浪费总量（万吨）；N 取 2019 年中国高校学生总数，$N \approx 4000$ 万；高校学生食堂就餐天数设定为 270 天（全年除寒暑假外）；FW_D 表示中国高校食堂每日人均食物浪费量（克/天）；FW_K 表示中国高校食堂第 k 类食物每日人均浪费量（克/天）；FW_{iK} 表示中国高校食堂第 i 个样本学生的第 k 类食物浪费量（克/顿）；$C1_K$ 为第 k 类食物的熟食—生食转换系数，$C2_K$ 为第 k 类食物的生食—农产品转换系数。考虑到中国高校食堂早餐供应较为简易且大学生的浪费率较低（钱龙等，2019），故本章以每日两餐（仅包含午餐和晚餐）为核算标准来测度中国高校食堂每日人均食物浪费量（Qian et al.，2021）。

表 9 - 1 食物转换系数 单位：克/天

熟食	转换为生食	转换系数（C1$_k$）	转换为农产品	转换系数（C2$_k$）
蔬菜	蔬菜	1.05	蔬菜	1.50
猪肉	猪肉	1.33	猪	1.63
禽肉	禽肉	1.37	家禽	1.49
牛羊肉	牛羊肉	1.41	牛羊	2.18
水产品	水产品	1.10	水产品	1.18
蛋类	蛋类	1.05	蛋	1.18
米制品	大米	0.45	稻谷	1.48
面食和豆制品	小麦及其他谷物	0.53	小麦及其他谷物	1.49

二、食物浪费生态足迹测度

对于生态足迹，国内外众多学者将其定义为给定人口和经济条件下，维持资源消费和吸收废弃物所需的生物生产性土地面积（Borucke et al.，2013）。生物生产性土地主要包括农田、牧场、森林、建成土地、渔业和化石能源土地，这些土地类别构成了给定系统的总生态足迹（Lu and Chen，2016）。生态足迹量化了资源消耗和生产所需的土地面积（Mancini et al.，2016），以此延伸的食物浪费生态足迹则测度了居民食物浪费所需占用的生态空间，该指标能较为真实地反映区域食物浪费状况所引致的生态压力和生态承载力变化。对于食物浪费生态足迹的测算，其核心思想为利用制成品与初级产品的转换系数和全球平均生产力数据，将各类食物消费项折算成生物生产性土地面积。然而由于各类食物生产环节不一致，初级农产品仅需考虑生产直接占用的草地、渔业用地，以及饲料和能源等物质流投入所携带的耕地足迹等（曹淑艳、谢高地，2016）；但加工类食品还需附加考虑原材料与制成品的转换率，并计算食物加工运输中隐含的能源足迹（张少春等，2018）。因此，基于上述方法的食物浪费生态足迹计算参数应包括全球平均生产力信息、制成品与初级产品转换因子、生态用地均衡因子和化石能源均衡因子等数据。

考虑到数据可获得性和准确性，借张少春等（2018）的提法，将人均食物浪费生态足迹总量认定为人均浪费各类食物所包含的生态足迹总和，其中某项食物浪费生态足迹含量可以表达为该食物单位浪费生态足迹与食物浪费数量的乘积。计算公式列述如下：

$$EF_{total} = EF_d \times N \times 270 \qquad (9-4)$$

$$EF_d = \sum_{k=1}^{5} FW_k \times EF_f \qquad (9-5)$$

其中，EF_{total} 表示中国高校食堂全年食物浪费生态足迹总量（万平方米）；EF_d 表示中国高校食堂每日人均食物浪费生态足迹总量（平方米）；EF_f 为第 f 类食物的单位浪费生态足迹；FW_k 表示中国高校食堂第 k 类食物每日人均浪费量（克/天）。式中，各类食物单位浪费生态足迹参考李明净（2016），选自"食品—环境金字塔模型"（DFEP）数据库中 f 大类食物在食品供应链上的生态足迹系数，具体见表 9-2。

表 9-2　　　　　　　　　单位食物浪费的生态足迹

食物类别	生态足迹（平方米/千克食物）
粮食	9.87
蔬菜	2.10
肉类	59.43
水产品	78.25
蛋类	14.41

第三节 **结果与分析：食物浪费生态足迹规模与结构**

　　根据式（9–1）~式（9–5），按照表9–1和表9–2中的给定系数，不难测算出2018年中国高校食堂食物浪费生态足迹总量达6.636百万平方米，大学生每日人均食物浪费生态足迹为614.435平方米。其中粮食类生态足迹浪费含量最高，达3.137百万平方米，约占食物浪费生态足迹总量的47.279%；其次是肉类生态足迹，占比约为36.078%（2.394百万平方米）；在高校食堂食物浪费中占比最大的蔬菜类生态足迹占比并不高，处于倒数第二的位置，占比只有约为5.551%（0.368百万平方米）；水产品和蛋类浪费生态足迹总体也处于较低水平，分别为0.609百万平方米和0.127百万平方米，分别占食物浪费生态足迹总量的9.172%和1.920%（见图9–1）。

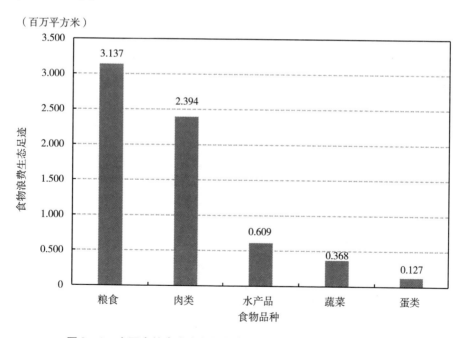

图9–1　中国高校食堂全年各类食物浪费生态足迹总量及其占比

食物浪费生态足迹：不同特征人群异质性分析

前述分析在总量和结构层面，对中国高校食堂食物浪费和相应的生态足迹进行了测算。为识别影响大学生食物浪费生态足迹的关键变量，此处进一步比较不同特征大学生食物浪费的生态足迹。借鉴钱龙等（Qian et al.，2021）对中国大学生食物浪费行为的调查与分析，本章依据被调查大学生的个体特征（性别、受教育程度）、家庭特征（家庭经济水平）、就餐特征（工作日与非工作日、饭菜满意度）、饮食文化（南北方饮食文化差异）、高校区位（东中部和西部地区），拟进行如下7个维度的异质性分析。

第一，从调查者性别来看（见图9-2），女大学生在食堂就餐时人均食物浪费生态足迹明显高于男大学生。其中，女大学生人均食物浪费生态足迹为306.403平方米/天，男大学生人均食物浪费生态足迹为264.980平方米/天，两性间食物浪费生态足迹差值高达41.423平方米/天。通过对比两性食物浪费量和浪费结构，发现此差异主要是因为：女性大学生人均

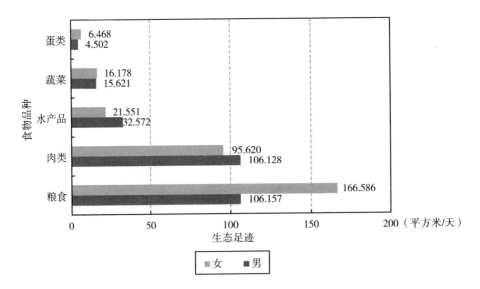

图9-2 食物浪费生态足迹：不同性别的比较分析

粮食浪费比男性大学生更高，这一类食物浪费产生的生态足迹要比男性高 60.429 平方米/天，这一发现与吴等（Wu et al., 2019）针对北京市 6 所高校的调查一致。

第二，从被调查者的学历来看（见图 9-3），本科生人均食物浪费生态足迹明显高于硕博士生。其中，本科生人均食物浪费生态足迹为 384.743 平方米/天，而硕博士生人均食物浪费生态足迹只有 86.866 平方米/天，不同教育程度间食物浪费生态足迹差值高达 297.878 平方米/天。这一发现与马塔尔等（Mattar et al., 2018）保持一致，该研究发现表明教育程度的提升有助于减少食物浪费和相应的生态足迹。

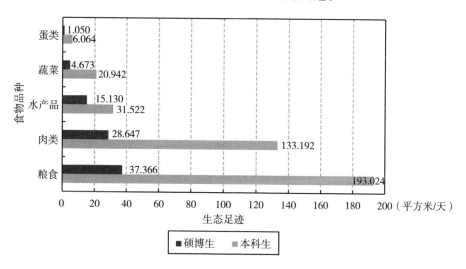

图 9-3 食物浪费生态足迹：不同学历的比较分析

第三，从被调查大学生的家庭经济状况来看（见图 9-4），家庭经济状况较好的人均食物浪费生态足迹明显高于家庭经济状况一般的。其中，家庭经济状况较好的大学生人均食物浪费生态足迹为 276.700 平方米/天，家庭经济状况一般的学生人均食物浪费生态足迹为 172.925 平方米/天，差值高达 103.775 平方米/天。其绝对差值主要由肉类浪费生态足迹贡献，可解释两组特征人群人均食物浪费生态足迹总差值的 42.715%；其次是人均粮食浪费生态足迹和水产品浪费生态足迹，差额分别为 35.911 平方米/天和 18.484 平方米/天，分别占两组特征人群人均食物浪费生态足迹总差值的 34.605% 和 17.812%。这主要是因为大学生的家境越优越、日常饮食越倾向于消费肉类、水产品等高级食物，相应的浪费程度也越高，从而有着更高的食物浪费生态足迹。

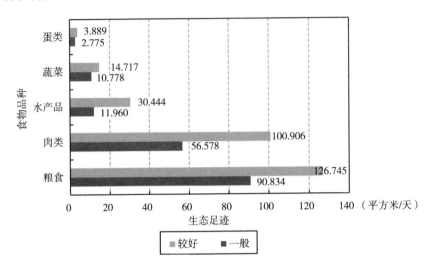

图 9 - 4　食物浪费生态足迹：不同经济水平的比较分析

第四，从调查时段来看（见图 9 - 5），工作日期间的人均食物浪费生态足迹明显高于非工作日期间大学生的人均食物浪费生态足迹。工作日期间的大学生人均食物浪费生态足迹为 407. 115 平方米/天，非工作日期间的

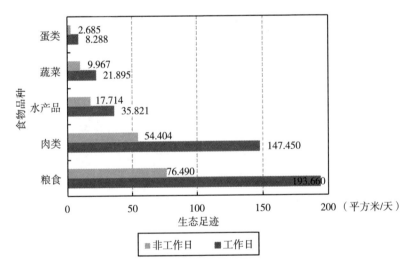

图 9 - 5　食物浪费生态足迹：不同就餐时间的比较分析

大学生人均食物浪费生态足迹只有 161. 261 平方米/天，差值高达 245. 854 平方米/天。背后的原因是工作日期间大学生生活节奏更快，吃饭时间更紧张，导致食物浪费高于非工作日。从构成来看，粮食浪费和肉类浪费生态足迹贡献最大，分别达到了 117. 169 平方米/天和 93. 046 平方米/天，对两组人群人均食物浪费生态足迹的贡献分别为 47. 658% 和 37. 846%。

第五，从饭菜满意度来看（见图9－6），与预期相符，对饭菜不太满意的大学生人均食物浪费生态足迹远高于对饭菜表示满意的学生。其中，对饭菜不太满意的大学生人均食物浪费生态足迹为 267. 077 平方米/天，对饭菜表示满意的学生人均食物浪费生态足迹是 187. 440 平方米/天，差值高达 79. 637 平方米/天。绝对差值主要由粮食浪费生态足迹贡献，占两组特征人群人均食物浪费生态足迹总差值的 51. 943%；其次为肉类浪费生态足迹，占两组特征人群人均食物浪费生态足迹总差值的 34. 688%。这表明提高大学生对饭菜的满意度，有助于减少食物浪费和相应的生态足迹（Matter et al. ，2018）。

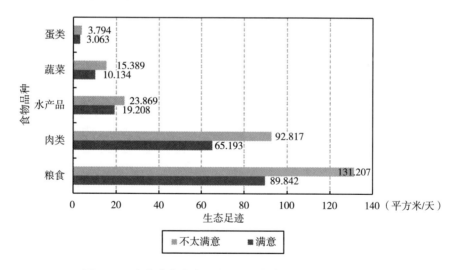

图9－6 食物浪费生态足迹：不同饭菜满意度的比较分析

第六，中国南方是传统的稻作区，北方则是传统小麦种植区，从而导致南北方人饮食文化差异较大（Qian et al. ，2021）。从南北方饮食文化差异视角进行分类比较（见图9－7），发现南方人人均食物浪费生态足迹明显高于北方人相应指标。其中，南方大学生人均食物浪费生态足迹为

281.130 平方米/天，北方大学生人均食物浪费生态足迹为 186.095 平方米/天。对两组群体食物浪费生态足迹绝对差值贡献最大的是肉类，达到了 49.146 平方米/天，占总差值的 51.714%；其次为粮食浪费生态足迹，差额为 36.048 平方米/天，占总差值的 37.931%。这主要是因为南方人平均比北方人更加浪费食物，且南方人对肉类消费和粮食的消费更多，这两类食物浪费总量也高于北方人，这与钱龙等（2022）的研究保持一致。

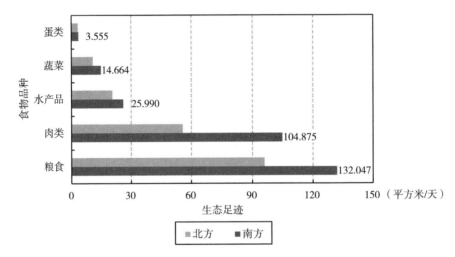

图 9 - 7　食物浪费生态足迹：不同饮食文化的比较分析

第七，从高校所在区位情况来看（见图 9 - 8），东中部高校大学生人均食物浪费生态足迹明显高于西部高校大学生的相应指标。其中，东中部

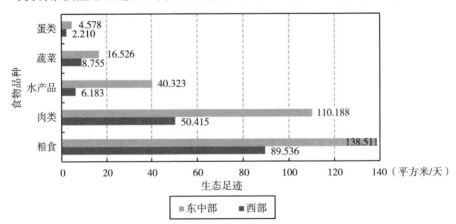

图 9 - 8　食物浪费生态足迹：不同区域的比较分析

高校大学生人均食物浪费生态足迹为 310.126 平方米/天, 西部高校大学生人均食物浪费生态足迹为 157.099 平方米/天, 两者差值高达 153.026 平方米/天。其中, 对绝对差值贡献最大的是肉类, 占两组人群人均食物浪费生态足迹总差值的 39.061%; 其次为粮食浪费生态足迹, 差额为 48.974 平方米/天, 占两组特征人群人均食物浪费生态足迹总差值的 32.004%。这与预期相符, 说明经济发展水平越高的区域, 人均食物浪费越高, 相应的食物浪费足迹也更高 (Wang et al., 2018; Zhang et al., 2021)。

第五节 讨论

一、食物浪费及其生态足迹比较

为更好地分析国内外关于食物浪费及其生态足迹的差异, 本章进一步对比不同国家或地区、不同调查场所人均食物浪费状况。结果显示 (见表 9-3), 第一, 本章的调查更具全国代表性。本次调查显示, 全国层面大学生每餐人均食物浪费为 61.03 克 (转换前), 低于吴等 (Wu et al., 2019) 对中国北京 6 所高校食堂调查结果 73.70 克 (转换前), 以及张等 (Zhang et al., 2021) 对武汉市 8 所高校的调查。可能的原因在于, 北京和武汉作为发达地区, 无论是经济发展还是消费水平都偏高, 相应的人均食物浪费量也偏高。第二, 中国高校食堂食物浪费比餐馆场所的食物浪费低, 但高于居民家庭的食物浪费。针对拉萨市 (Wang et al., 2018), 以及北京、上海、成都、拉萨四个城市餐馆的调查显示 (Wang et al., 2017), 餐馆食物浪费量人均每餐超过 90 克。对中国城乡居民家庭的调查发现, 居民人均每日食物浪费只有 42.56 克 (Min et al., 2021), 农村居民更是低到 8.74 克 (Li et al., 2021)。可能的原因是: 高校食堂就餐属于个人日常餐饮, 追求的是经济节约, 而餐馆消费多为宴请或商务类用餐, "面子文化" 和好客的传统文化会引致过量消费 (Xu et al., 2020), 从而引致较高的食物浪费。而居民家庭场所的食物浪费最低, 再次说明家庭情景下消费最为经济, 相应的食物浪费最少 (李丰等, 2021)。第三, 与发达国家高校相比，中国高校食堂的食物浪费更低。对比西方国家（Ferreira et al.，2013；Painter et al.，2016；Ellison et al.，2019），不难发现中国高校食堂人均食物浪费较低。之所以如此，一方面可能是因为中西方饮食文化与饮食结构有差异；另一方面也是由于中国平均收入低于西方社会，相应的浪费量更低（Qian et al.，2021）。由于食物浪费和相应的生态足迹高度相关，因此上述三个发现对高校食堂食物浪费生态足迹特征也是符合的。

表9-3 不同情形下食物浪费量的比较

国家（区域）	调查地点	调查年份	食物浪费量	数据来源
中国	高校食堂	2018	转换前：61.03（克/人/餐）转换后：71.58（克/人/餐）	本章调查数据
中国北京	高校食堂	2018	转换前：73.70（克/人/餐）	吴等（Wu et al.，2019）
中国北京	中学食堂	2014	转换前：130（克/人/餐）	刘等（Liu et al.，2016）
中国拉萨	餐馆	2015	转换后：98（克/人/餐）	王等（Wang et al.，2018）
中国四市	餐馆	2015	转换后：93（克/人/餐）	王等（Wang et al.，2017）
中国	城乡居民家庭	2004&2006&2009	转换前：42.56（克/人/天）	闵等（Min et al.，2021）
中国	农村居民家庭	2015	转换前：8.74（克/人/餐）	李等（Li et al.，2021）
葡萄牙	An university in Portugal	2010	转换前：200（克/人/餐）	费瑞拉等（Ferreira et al.，2013）
南非	Rhodes University	2015	转换前：555（克/人/天）	佩因特等（Painter et al.，2016）
美国	An university in Midwestern of the USA	2016	转换前：88.23（克/人/餐）	艾利森等（Ellison et al.，2019）
全球		2011	转换前：178（克/人/天）	陈等（Chen et al.，2020）

注：闵等（Min et al.，2021）研究中的家庭每日人均食物浪费量是以其家庭连续3日人均食物浪费量除以3得到。此外，表格中每日人均食物浪费量均以一日三餐为计算标准。

此外，就食物浪费生态足迹结构而言，本章证实浪费量最多的蔬菜，其生态足迹反而很小。作为主食的粮食类食物浪费生态足迹浪费含量最高，约占食物浪费生态足迹总量的47.279%。其次为肉类生态足迹，占比约为36.078%。这说明有效减少大学生在高校就餐时的粮食浪费和肉类浪费，能够更有效地降低食物浪费带来的负面环境效应。

二、可能的启示

通过对大学生食物浪费行为和相应生态足迹的测度，以及不同特征人群食物浪费生态足迹的比较分析，本章能够得出以下几点启示或政策建议。

第一，要高度重视高校食堂食物浪费和相应的生态足迹带来的影响。中国有世界上规模最大的高等教育机构，中国高校的在校大学生数量也位列第一。本章证实，大学生食物浪费的生态足迹并不少，考虑到中国高等教育招生规模会进一步扩张，这意味着高校大学生在食堂就餐时的食物浪费生态足迹压力会更大。因此，为了更好地解决食物生产所需耕地资源及生态环境承载力持续恶化现象，政府、教育机构以及高校大学生都要更加重视食物浪费的后果，多方共同努力减少食物浪费，缓解中国食物消费和浪费带来的生态承载恶化情况。

第二，需要关注不同人群产生的食物浪费生态足迹的差异，如性别、受教育程度不同、家庭经济状况、工作日或非工作日的差异、对饭菜满意度的差异、南北方饮食文化差异、东中部和西部区域差异。研究发现，女大学生和本科生在食堂就餐时人均食物浪费生态足迹明显高于男大学生和硕博士生。这表明性别差异与受教育水平不同会影响个人食物浪费程度和相应的生态足迹。因此，需要在深度探究男生和女生、本科生和研究生的消费量、消费观念、对食物浪费及生态环保认知差异的情况下，有针对性地制定适合不同群体就餐习惯与就餐量的饮食制度，以减少食物浪费所产生的生态足迹。

研究还发现，家庭经济状况较好的大学生人均食物浪费生态足迹明显高于家庭经济状况一般的学生，而对饭菜不太满意学生的浪费明显高于对饭菜满意的学生浪费量。可见，家庭经济状况和饭菜是否可口是影响高校食堂食物浪费与生态足迹的重要因素。因此，应该引导家庭经济状况好的学生理性消费，避免过度浪费现象。同时，食堂应不断改善食物口味，定期调整食堂饭菜种类，把食堂饭菜建立在物美价廉的基础上，以满足不同经济状况学生的就餐需要。

还应高度重视不同地域饮食文化差异造成的影响。研究表明南方人均食物浪费生态足迹明显高于北方，其中差值最大的两类食物为肉类与粮食。考虑到南方与北方在自然环境、农作物种类等方面存在的不同，导致人群饮食文化也存在差异。因此，在尊重不同区域饮食文化的同时，呼吁南北方都适量购买食物，尽可能减少食物浪费的发生。

东部、中部和西部地区大学生人均食物浪费和生态足迹也有很大差异，表现为经济发达的大学生产生的食物浪费和生态足迹更高。因此，一方面要警惕经济发展和生活水平提升带来更多的食物浪费和相应的生态环境压力，另一方面也要提前研判，抓紧让《反食品浪费法》尽快落地实施，特别是在经济较发达地区要先行先试，为其他地方提供可行借鉴。

三、可能的不足

需要指出的是，本章还存在一定的不足之处。首先，本次调查研究聚焦于全国大学生群体，没有涉及高校老师、其他工作人员的食物浪费情况，这可能会造成中国高校食堂食物浪费及相应的生态足迹研究结果的低估。其次，随着外卖行业的崛起，高校大学生对校外食物的购买增多，从而替代了在食堂就餐的选择，也会造成研究结果的偏差。此外，考虑到部分大学生不吃早餐且早餐浪费率较低的现象，本次调查研究主要为午餐和晚餐，并未将早餐纳入测度范围。但是整体来说，根据中餐和晚餐两餐计算标准，也是能较为准确地反映高校学生每日食物浪费状况。最后，大学生为高素质群体，更加注重隐私问题。因此，受访者在我们训练有素的调查人员面前回答问题，一些受访者可能不愿意暴露过多的个人隐私，因此不愿意提供准确的信息，这也会降低本章结果的可信度。但限于数据获取，本章并未对该部分展开讨论，有待后续研究予以补充。

第六节　结论

　　本章基于一项涉及 29 个省份 29 所高校 9192 名大学生的全国性调查，采用直接称重法对大学生在食堂就餐时产生的食物浪费进行估算，并进一步测度了大学生食物浪费所隐含的生态足迹含量。主要发现三点结论。第一，2018 年中国高校食堂食物浪费总量达 154.6 万吨，大学生每日人均食物浪费量为 143.161 克/天。其中，蔬菜和粮食浪费量最高，分别占食物浪费总量的 46.796% 和 36.234% 。第二，2018 年中国高校食堂食物浪费生态足迹总量达 6.636 百万平方米，每日人均食物浪费生态足迹为 614.435 平方米。其中，粮食类浪费生态足迹含量最高，达 3.137 百万平方米，约占食物浪费生态足迹总量的 47.279% ；其次是肉类浪费生态足迹量，占比约为 36.078% （2.394 百万平方米）。第三，从人群分化视角来看，女大学生在食堂就餐时人均食物浪费生态足迹明显高于男大学生，本科生高于硕博士生，家庭经济状况较好的大学生高于家庭经济状况一般的大学生，工作日期间的高于非工作日期间的，对饭菜不太满意的大学生高于对饭菜表示满意的大学生，南方人高于北方人，东中部高校大学生高于西部高校大学生。本章有助于更好把握中国高校食物浪费特征及其资源环境代价，也为食物浪费减量化的举措出台提供了经验基础。

第十章

高校食堂食物浪费的
碳足迹研究

第一节　引言

在全球粮食安全形势日益严峻之际，食物浪费问题因其普遍性和严重性引起学界和政策层面的广泛重视（Adelodun et al.，2021；Porter et al.，2016；Liu et al.，2013；成升魁等，2012）。据联合国粮食及农业组织（Food and Agriculture Organization of the United Nations，FAO）报告称，全球每年发生在食物供应链中生产到消费前阶段的食物损耗数量以及消费阶段的食物浪费数量高达 13 亿吨，约占食物制造总量的 1/3（Gustavsson et al.，2011）。其中，发展中国家受限于客观层面的基础设施、技术、环境和管理层面等因素，通常在食物生产、运输、加工和销售等环节产生大量食物损耗（Wang et al.，2018）；而发达国家的食物浪费则集中于食物供应链的后端，即消费阶段的人为主观浪费（Xue et al.，2021）。据估计，美国有近 31% 的食物在消费过程中被白白浪费（Buzby et al.，2014），欧洲的食物浪费率更是高达 42%（Monier et al.，2011），而这些被浪费的食物中大约 60% 是可以规避的浪费（UNEP et al.，2021）。面对规模如此庞大数目的食物浪费，全球仍有大量极端贫困人口食物安全与营养供给得不到保障,其中近 8.21 亿人在遭受饥饿 (FAO et al., 2018),新冠疫情大流行更是加重了全球食物供给系统的供给压力 (Lin et al., 2021)。减少全球粮食浪费也被列为联合国列为 17 项可持续发展重要目标之一 (SDG. 12.3),即在 2030 年时将人均粮食浪费减少一半和实现全人类的食物供给充分和营养安全 (UN, 2015)。因此,除继续增加食物供给,如何更加有效地减少食物浪费,通过减少浪费来更好地保障全球食物安全已成为迫切解决的重大问题。

事实上,食物浪费不仅带来大量的营养损失,从而对食物安全产生威胁 (Chen et al., 2020; Parizeau et al., 2015);而且会引致巨大的经济损失和严峻的资源环境问题 (Wu et al., 2019)。从经济角度看,全球每年食物浪费的经济成本约合 7500 亿美元 (FAO, 2013)。就资源损失而言,食物浪费意味着食物生命周期各阶段所投入的水、土地、能源和其他生产资料的无效消耗 (Usubiaga et al., 2018)。同时,食物浪费也带来了严重的负面环境效应,比如额外的温室气体排放 (Moult et al., 2018)。在全球气候加剧变化的时代背景下,食物浪费作为"隐性"的温室气体生产者,已然成为全球气候变暖的巨大推手。据估计,全球每年食物浪费碳足迹约为 44 亿吨二氧化碳当量,占全球温室气体排放的 8% (FAO, 2015);另一项研究给出了更高的估计,指出全球食物系统每年的排放相当于 180 亿吨二氧化碳当量,占温室气体排放总量的 34% (Crippa et al., 2021)。就国家分布而言,由于食物浪费更多发生在发达国家,因此相应的碳足迹来源国主要是西方发达国家。如美国是世界第二大食物浪费碳足迹贡献国 (FAO, 2015),而欧洲地区全年食物浪费碳足迹总量为 186 百万吨二氧化碳当量 (Scherhaufer et al., 2018)。然而,需要指出的是,近些年来发达国家因食物损失或浪费所造成的温室气体排放渐趋稳定,广大发展中国家,尤其是新兴国家碳排放仍呈快速增长态势 (Cao et al., 2020),这些国家产生的食物浪费将对全球碳排放产生重要影响,成为越来越关键的驱动力量。然而,已有文献还较少涉及新兴发展国家食物浪费和相应碳足迹测度 (Cakar et al., 2020; Lee et al., 2021)。

截至 2022 年,中国人口超过 14 亿,是全球人口最多的国家之一。作为全球最重要的新兴经济体（金砖五国之一），自 1978 年改革开放以来，中国已经实现了 40 多年的快速经济增长，并成长为全球第二大经济体。伴随着经济繁荣和生活水平日益提升，中国社会在消费阶段产生食物浪费的现象日益普遍。据估计，中国社会约有 19% 的可食用食物在消费中被白白浪费（Liu et al.，2013）。这些浪费来自多个场所，包括家庭场所消费和家庭外消费产生的食物浪费。例如，江金启等（2018）基于 CHNS 数据的分析表明，2016 年中国城乡居民家庭消费产生的浪费估摸为 1055.60 万 ~ 1501.55 万吨。中国科学院的一项调查显示，2013 ~ 2015 年中国餐饮服务业产生的食物浪费量约为 1700 万 ~ 1800 万吨，相当于 3000 万 ~ 5000 万人一年的口粮。这些浪费不仅带来了巨额经济损失，粗略估计大概为每年 2000 亿元（Li et al.，2019），而且产生了规模不菲的碳足迹。2016 年，中国食物浪费碳足迹就高达 110 百万吨二氧化碳当量（Hiç et al.，2016）。目前，中国已成为全球第一大碳足迹来源国，而且排放量还在进一步增长中。因此，亟须研究以中国为代表的新兴发展中国家食物浪费和相应碳足迹，在此基础上出台针对性应对措施，从而为全球碳减排做出相应贡献。

近年来，国内关于食物浪费的相关研究日渐丰富（Wang et al.，2017；张丹等，2017），宏观视角研究有涉及全球层面（Chen et al.，2020）、国家层面（Song et al.，2018）和地区层面（Wang et al.，2018）。微观层面，已有文献对家庭场所食物浪费（江金启等，2018；Li et al.，2019；李丰等，2021）、餐馆物浪费（张丹等，2016a；Xu et al.，2020）、中小学食堂场所（Liu et al.，2016）和大学食堂场所产生的食物浪费（Wu et al.，2019；Qian et al.，2021）均有所涉及。然而，有限的文献多关注微观层面的食物浪费驱动因素（钱龙等，2019；Min et al.，2021），相对忽视食物浪费的环境效应。基于第一手大规模调查，对中国特定场所或特定人群食物浪费及其碳足迹进行测度的文献鲜见。为此，本章拟以大学食堂食物浪费为例，基于一项涉及 29 个省份 29 所高校的全国调查，对中国高校食堂食物浪费及其碳足迹进行测度，以丰富相关领域的中国研究。

之所以选择中国高校食堂的食物浪费作为调查对象，主要是基于以下三方面考虑。

第一，中国有着世界上规模最为庞大的高等教育机构，在校学生数量也位列世界第一。根据教育部提供的数据，截至 2019 年中国有 2956 所大学/学院，大学生人数达到 4002 万人。不同于西方国家，中国大学生日常主要在食堂就餐。并且有文献证实，中国大学生在食堂就餐时的食物浪费颇为严峻（Wu et al.，2019；钱龙等，2019）。鉴于中国大学生数量众多，且中国高等教育招生规模仍然持续增长，这一群体产生的食物浪费不容忽视，有必要充分调查该群体的食物浪费和测度相应的环境效应。

第二，大学作为培养高等人才的摇篮，有道德责任通过其研究和管理自身产生的食物浪费和生态环境效应，为全球可持续发展作出贡献（Qian et al.，2021）。作为一个小型社区的大学校园，其减少食物浪费和碳足迹的经验也可以被其他社区所借鉴。

第三，大学食堂场所的食物浪费是家庭外消费食物浪费的重要来源，近些年来得到了国际学界的广泛重视。例如，怀特黑尔等（Whitehair et al.，2013）调查了美国堪萨斯州立大学 540 名大学生的食物浪费；佩因特等（Painter et al.，2016）研究了南非罗兹大学 205 名大学生的食物浪费；平托等（Pinto et al.，2018）对葡萄牙里斯本大学农学院餐厅的食物浪费进行的跟踪调查，肖布罗克等（Schaubroeck et al.，2018）在比利时根特大学开展了一项案例研究。然而，关于中国大学的相关研究较少，进行相应碳足迹测度的更是鲜见。因此，为更好与已有文献对话，有必要基于代表性调查，深入探究中国高校学生食物浪费状况，并据此制定针对性的减量政策。

基于此，本章拟基于一项涉及 29 个省份 29 所高校 9192 名大学生的全国性调查，采用直接称重法对大学生在食堂就餐时产生的食物浪费进行估算，并测度相应的碳足迹。本章的边际贡献主要有两点：其一，本章是首篇基于全国层面调查，对高校食堂食物浪费碳足迹进行测度的研究，有助于理解中国高校场所食物浪费带来的环境效应。其二，本章基于多维异质性分析得出了相对丰富的发现。为识别不同类型人群食物浪费碳足迹的差异，本章从多个维度进行了比较分析，拓展了已有文献，也有助于启发后续研究。本章为教育部门和高校针对性的减量政策提供了参考，有利于减少中国高校食堂场所产生的碳足迹。

<h2>第二节　研究方法与数据处理</h2>

本章对食物浪费内涵的界定和获取的方法与本节第九章保持一致，即食物浪费是消费者在食物消费环节可以避免的浪费（Wang et al.，2017），但一些不宜食用的部分（例如蔬菜皮、骨头、豆渣等）不属于食物浪费范畴。获取食物浪费数据的方法，采纳直接称重法。食物浪费种类，也是参照钱龙等（Qian et al.，2021），将食物种类划分为蔬菜、肉类（猪肉、禽肉和牛羊肉）、水产品、蛋类和粮食（大米、豆类和小麦）5 大类。本章依然考虑到食物生熟转化，具体转换系数见表 9-1 随着全球气候变暖趋势加剧，碳足迹逐渐成为生态环境研究领域的新热点，并被广泛运用于测度食物消费/浪费所引致的环境效应（Cakar et al.，2020；Song et al.，2015）。碳足迹衡量了某项活动或产品在生命周期内直接或间接引起的温室气体排放量。全球变暖潜能值（GWP）则是度量导致全球变暖和气候变化的温室气体排放量的通用指标，单位为二氧化碳当量（CO_2 eq）（Čuček et al.，2012）。本章拟利用碳足迹指数来评估中国高校食堂食物浪费所产生的环境效应，计算公式列述如下：

$$CF_{Total} = CF_D \times N \times 270 \qquad (10-1)$$

$$CF_D = \sum_{k=1}^{5} FW_k \times GWP_k \qquad (10-2)$$

其中，CF_{Total} 表示中国高校食堂全年食物浪费碳足迹总量（万吨二氧化碳当量）；CF_D 表示中国高校食堂每日人均食物浪费碳足迹量（克/二氧化碳当量/天）；GWP_k 为第 k 类食物全球变暖潜能值（千克二氧化碳当量），数据来源于克卢恩等（Clune et al.，2017）；其余变量的解释与式（10-1）和式（10-2）一致。经计算各类食物 GWP 值如表 10-1 所示。

表 10 – 1 各类食物 GWP 值

食物类型	具体类别	GWP$_k$（千克二氧化碳当量/千克食物）
蔬菜	蔬菜	0.37
肉类	猪肉	5.77
	禽肉	3.65
	牛羊肉	26.10
水产品	水产品	3.49
蛋类	蛋类	3.46
粮食	大米	2.55
	豆类	0.49
	小麦	0.52

注：克卢恩等（Clune et al.，2017）完成了对 168 类食物温室气体排放数据的元分析，并指出其文献中的 GWP$_k$ 中位数更适用于碳足迹估算和分析，为此本章均引用其 GWP$_k$ 中位数，以确保估计值的一致性。限于食物类型分类，本章牛羊肉 GWP$_k$ 以牛肉和羊肉 GWP$_k$ 的均值替代；同时借鉴阿德罗杜姆等（Adelodun et al.，2021）的做法，水产品和禽肉 GWP$_k$ 分别以鱼类和鸡 GWP$_k$ 替代。

第三节 结果与分析

2018 年中国高校食堂食物浪费碳足迹总量达 2.513 百万吨二氧化碳当量，每日人均食物浪费碳足迹为 232.689 克二氧化碳当量。其中肉类浪费碳足迹含量最高，达 1.163 百万吨二氧化碳当量，约占食物浪费碳足迹总量的 46.276%；其次为粮食浪费碳足迹，占比约为 36.522%（0.918 百万吨二氧化碳当量）；此外，与蔬菜浪费量份额相比，高校食堂蔬菜浪费碳足迹占比不高，约为 10.653%（0.268 百万吨二氧化碳当量）；蛋类和水产品浪费碳足迹较低，分别为 0.083 百万吨二氧化碳当量和 0.082 百万吨二氧化碳当量，占食物浪费碳足迹总量比重的 3.293% 和 3.256%（见图 10 – 1）。

对比可知，中国高校食堂食物浪费碳足迹结构与其食物浪费结构迥然不同。例如，肉类浪费量占比仅为 13.906%，但其食物浪费碳足迹占比高达 46.276%；类似地，蔬菜浪费量占比高达 46.796%，而其碳足迹占比仅为 10.653%。这与针对西方发达国家的研究，以及诸多国际机构发布的报

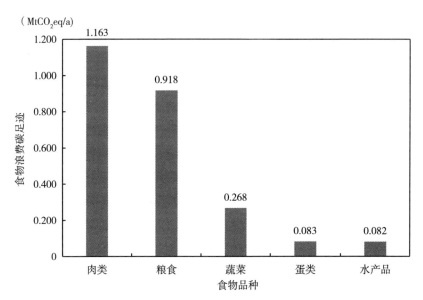

图 10 - 1　中国高校食堂全年各类食物浪费碳足迹总量及其占比

注：Mt 表示百万吨，CO_2eq 表示二氧化碳当量

告一致（UNEP，2021；FAO，2013），探其缘由，是不同类型食物的全球变暖潜能值（GWP）有显著差异。例如，大学生在中国高校食堂就餐时，肉类浪费总量虽然较低，但肉类平均 GWP 值高达 11.840 千克二氧化碳当量/千克食物，为蔬菜 GWP 值的 32 倍，故使得肉类浪费碳足迹占比较高。

第四节　食物浪费碳足迹：不同特征人群的异质性分析

前述分析对中国高校食堂食物浪费规模、食物浪费碳足迹水平及其空间特征进行了较为细致的探讨，此处进一步比较不同特征大学生食物浪费及相应的碳足迹。借鉴钱龙等（Qian et al.，2021）对中国大学生食物浪费行为的调查与分析，本章依据被调查大学生的个体特征（性别、受教育程度）、家庭特征（家庭经济水平）、就餐特征（工作日与周末、饭菜满意度）、信息干预（节粮宣传熟悉度）、饮食文化（南北方饮食文化差异）、高校特征（东部和中西部地区），拟进行如下 8 个维度的异质性分析。

第一，从调查者性别来看（见图 10 - 2），女大学生在食堂就餐时人均食物浪费碳足迹明显高于男大学生，两性间的食物浪费碳足迹差值高达47.636 克二氧化碳当量/天。通过对不同食物碳足迹的比较，发现此差异主要是因为两类群体的粮食浪费碳足迹有所不同，女性人均粮食浪费碳足迹比男性高 43.471 克二氧化碳当量/天，占绝对差值的 91.256%。这一现象与吴等（Wu et al.，2019）的研究结论一致，该研究同样发现高校女性群体主食浪费量显著高于男性。

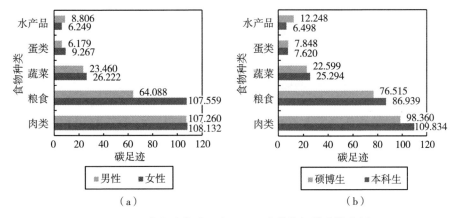

图 10－2　食物浪费碳足迹：不同个体特征的比较分析

第二，从调查者学历来看，本科生人均食物浪费碳足迹明显总体高于硕博生。其中，本科生人均食物浪费碳足迹为 236.184 克二氧化碳当量/天，而硕博生的同一指标仅为 217.570 克二氧化碳当量/天。这一发现与主流文献保持一致（Mattar et al.，2018），说明教育程度的提升有助于减少食物浪费和相应的碳足迹。

第三，从被调查大学生的家庭经济状况来看（见图 10－3），对于家庭经济状况较好的大学生，其人均食物浪费碳足迹为 241.378 克二氧化碳当量/天，显著高于家庭经济状况一般的学生（212.196 克二氧化碳当量/天）。其绝对差值主要由肉类浪费碳足迹贡献，达到了 26.600 克二氧化碳当量/天，占两组特征人群人均食物浪费碳足迹总差值的 91.152%；其次为人均水产品和蛋类浪费碳足迹，差额分别为 4.642 克二氧化碳当量/天和 0.96 克二氧化碳当量/天。这主要是因为大学生的家境越优越，日常饮食越倾向于消费肉类、水产品等动物性食物，对这些食物的相应的浪费也更严重，从而有着更高的碳足迹。与此对应的是，家庭经济状况一般的大学生对粮食和蔬菜的消费更多，相应的碳足迹主要由粮食、蔬菜等植物性食物贡献，而这些食品的碳足迹较低。

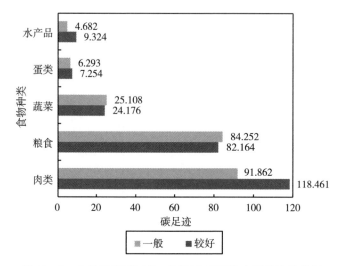

图 10-3　食物浪费碳足迹：不同家庭经济水平的比较分析

第四，从调查时段来看（见图 10-4），工作日期间大学生在高校食堂就餐时，人均食物浪费碳足迹量为 241.426 克二氧化碳当量/天，高于非工作日期间的人均浪费碳足迹（212.887 克二氧化碳当量/天）；说明大学生食物浪费确实存在时段异质性。细分来看，这种差异主要是因为工作日期间大学生人均浪费肉类、粮食、蔬菜和蛋类较多，相应的浪费碳足迹高于非工作日，其中肉类人均浪费碳足迹差值最大，达 18.033 克二氧化碳当

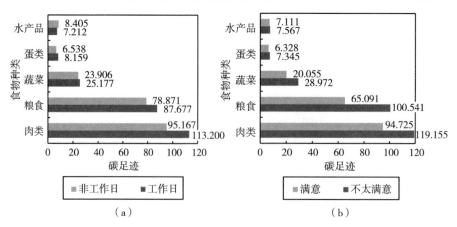

图 10-4　食物浪费碳足迹：不同就餐特征的比较分析

量/天；粮食人均浪费碳足迹差值为 8.806 克二氧化碳当量/天，居于第二；两类群体的蔬菜、蛋类和水产品的人均食物浪费碳足迹差值较小。

第五，从饭菜满意度来看（见图 10 - 4），表现为对饭菜不太满意的大学生人均食物浪费碳足迹（263.58 克二氧化碳当量/天）远高于对饭菜表示满意的学生（193.309 克二氧化碳当量/天）。这与预期相符，因为对饭菜满意度越高大学生，产生的食物浪费越少（Lorenz et al.，2017）。具体来看，两组群体的人均粮食浪费碳足迹和人均肉类浪费碳足迹分化最为明显，差值分别达 35.45 克二氧化碳当量/天和 24.43 克二氧化碳当量/天；其次为人均蔬菜浪费碳足迹，差值为 8.917 克二氧化碳当量/天；而蛋类和水产品浪费碳足迹差额较小。

第六，从节粮宣传效果来看（见图 10 - 5），对了解"光盘行动"等节粮宣传活动的大学生，其人均食物浪费碳足迹（228.213 克二氧化碳当量/天）显著低于不了解此类活动的学生（245.419 克二氧化碳当量/天）。可能的原因是节粮宣传在一定程度上有助于提高大学生的节约意识，能减少相应浪费量，这与平托（Pinto et al.，2018）对葡萄牙里斯本大学的研究发现类似。从碳足迹结构来看，两类群体的人均肉类浪费碳足迹和人均粮食浪费碳足迹差异较大，其差值分别达 10.295 克二氧化碳当量/天和

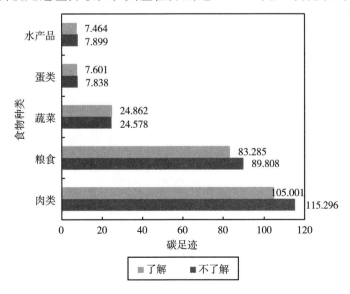

图 10 - 5 食物浪费碳足迹：信息干预效果的比较分析

6.524 克二氧化碳当量/天；而水产品和蛋类的人均浪费碳足迹差额较小，分别为 0.435 克二氧化碳当量/天和 0.237 克二氧化碳当量/天，表明节粮宣传更多地减少了肉类和粮食类浪费的碳足迹。

第七，中国南方是传统的稻作区，北方则是传统小麦种植区，从而导致南北方人有着显著的饮食文化差异（Qian et al.，2021；Talhelm et al.，2014）。从南北方饮食文化差异视角进行分类比较（见图 10 - 6），发现南方高校大学生人均食物浪费碳足迹量达 274.751 克二氧化碳当量/天；北方高校大学生人均食物浪费碳足迹仅为 186.558 克二氧化碳当量/天，南高北

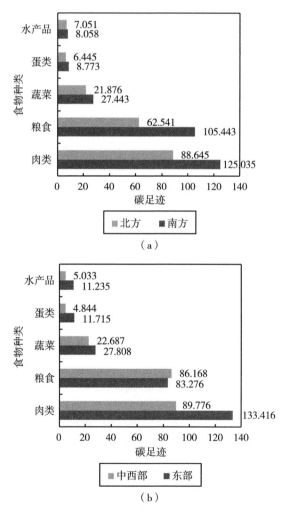

图 10 - 6　食物浪费碳足迹：不同饮食文化和区域的比较分析

低态势十分明显。从碳足迹结构差异来看，南方高校大学生每日人均各类食物浪费碳足迹均高于北方高校，其中粮食和肉类浪费碳足迹差值最大，分别达 42.901 克二氧化碳当量/天和 36.389 克二氧化碳当量/天；其次为蔬菜类，南北方差额为 5.567 克二氧化碳当量/天；蛋类和水产品相差最小，仅为 2.329 克二氧化碳当量/天和 1.007 克二氧化碳当量/天。这意味着南北方大学生的食物浪费碳足迹差异是由主食和动物类食物浪费表现分化引致，这与钱龙等（Qian et al.，2022）的发现一致。

第八，从高校所在区位情况来看，中国东部高校大学生人均食物浪费碳足迹量为 267.450 克二氧化碳当量/天，中西部高校的人均浪费碳足迹为 208.508 克二氧化碳当量/天，呈现东部高、中西部低的现象。从食物浪费碳足迹来看，东部与中西部大学生人均肉类浪费碳足迹差值最高，达 43.640 克二氧化碳当量/天；其次为蛋类、水产品和蔬菜，东部地区大学生分别比中西部大学生高 6.87 克二氧化碳当量/天、6.202 克二氧化碳当量/天和 5.121 克二氧化碳当量/天。但是东部地区大学生人均粮食浪费碳足迹低于中西部大学生，差值为 −2.892 克二氧化碳当量/天。上述结构性差异表明，经济发达的东部地区大学生因更多的消费动物性食物有着更高的食物浪费碳足迹。

第五节 讨论

一、食物浪费

此处进一步对比不同国家或地区、不同调查地点的人均食物浪费状况。由于大多数成果只是进行简单的称重，并没有按照生熟系数进行转换，因此，本章也提供了此次调查直接称重获得的中国大学生人均每餐食物浪费量。结果显示，中国大学生每人每餐食物浪费为 61.03 克（转换前），低于吴等（Wu et al.，2021）对中国北京 6 所高校食堂调查结果 73.70 克（转换前），也低于张等（Zhang et al.，2021）对武汉市 7 所高校 1612 大学生调查所估计的结果 135 克（转换前）。这可能是因为北京和武汉是一线或新一线城市，经济发展水平高于全国发展水平，大学食堂相应的浪费水平也高于全国平均水平。这也间接表明，本章使用的具有全国代表性的数据能够更加真实显示中国大学生真实的食物浪费情况。此外，本章所估算的高校食堂人均食物浪费量显著低于刘等（Liu et al.，2016）对中国北京中学食堂的估算值（130 克/人/天），这说明随着年龄、学历的增长，学生群体的食物浪费情况可能会得到缓解（Wu et al.，2019；Mattar et al.，2018）。与中国居民在餐馆就餐产生的食物浪费相比（Wang et al.，2018；Wang et al.，2017），大学生在大学食堂人均每人每餐的食物浪费更少，这可能是因为餐馆消费多是宴请类、商务类，中国的"面子文化"则鼓励人们在这些情境下多消费，从而加剧了食物浪费（王灵恩等，2021）。相比之下，中国高校食堂人均食物浪费量显著高于中国家庭人均食物浪费量（Li et al.，2021），说明家庭场所的相对食物浪费程度相对较轻。

就食物浪费的构成来看，大学生在食堂就餐浪费最多的两类食品是蔬菜和主食，这一发现与中国居民在家庭场所（Song et al.，2015）、在餐馆就餐时的浪费结构（Wang et al.，2017）保持一致。也就是说，蔬菜和粮食是中国消费者浪费最多的两类食物类型（Wu et al.，2019）。究其缘由，一方面可能是因为中国人日常饮食中素菜和主食占比较高（Qian et al.，2021）；另一方面可能是因为高校食堂对蔬菜和主食的标准供应量偏大，且价格相对便宜，导致大学生对这两类食品不那么珍惜。相对而言，大学食堂对肉类、蛋类及水产品的浪费量不高。这可能与中国大学生对这些高蛋白食品的相对低消费水平密切相关。

二、食物浪费碳足迹

就碳足迹而言，蔬菜类的浪费占比最高，但是碳足迹占比仅列第三；肉类浪费量占比虽然只有 13.906%，但相应的碳足迹占比却高达46.276%。显然，肉类等高碳足迹含量的食物浪费会给生态环境施加更大的压力，引致更强的负面效应。整体上中国大学生的每人每餐浪费量低于西方大学生，对肉类、水产品、蛋奶类等高碳足迹类食物的消费占比也较低。因此，不难推断中国大学生因食物浪费而产生的碳足迹低于西方大学生。然而，随着生活条件的日益改善以及西方饮食文化的影响，中国大学生对肉蛋奶等高碳足迹食物的消费正在快速增加。国家统计局发布的中国居民膳食结构数据显示，近20年来中国居民对肉类、水产品、蛋奶类的消费均呈大幅增长态势，高动物蛋白含量食物的占比逐渐攀升。而且，随着生活水准的提升，相应的浪费率也会上升（Xu et al.，2020）。因此，可以预见的是，如果不进行有效干预，包括大学生在内的中国居民饮食结构转型升级，将不可避免地加剧中国食物浪费相关的温室效应气体排放。

针对不同特征群体碳足迹的比较分析发现，中国各区域高校食堂人均食物浪费碳足迹含量迥然不同。根据被调查者个体特征、家庭特征、就餐特征、信息干预、餐饮文化、区域特征，大致呈现女性人均碳足迹比男性高，高学历的人均碳足迹更低；经济条件越优越人均碳足迹越高；工作日比周末人均碳足迹高，对饭菜的满意度越高人均碳足迹越低；熟悉节粮宣传的群体，人均碳足迹更低；相对北方饮食文化，南方饮食文化会带来更高的人均食物浪费碳足迹；区域层面，呈现东部地区人均食物浪费碳足迹高、中西部碳足迹少的特点。上述发现表明，大学生在食堂就餐时产生的食物浪费碳足迹会受到多重因素的影响。

第六节　结论与启示

本章基于中国29个省份29所高校食堂食物浪费的调查和直接称重获取的数据，在全国尺度上对中国高校食物浪费规模进行了核算，并进一步测度了大学生食物浪费所隐含的碳足迹含量。主要发现如下三点：第一，2018年中国高校食堂食物浪费总量达154.6万吨，大学生每日人均食物浪费量为143.161克/天。其中，蔬菜和粮食浪费量最高，分别占食物浪费总量的46.796%和36.234%。第二，2018年中国高校食堂食物浪费碳足迹总量达251.3万吨二氧化碳当量，每日人均食物浪费碳足迹为232.689克二氧化碳当量。其中肉类和粮食浪费碳足迹最高，分别占食物浪费碳足迹总量的46.276%和36.522%。第三，从人群特征分化视角来看，女大学生每日人均食物浪费碳足迹高于男大学生；本科生每日人均食物浪费碳足迹比研究生高；家庭经济越优越，每日人均食物浪费碳足迹越高。工作日期间大学生人均食物浪费碳足迹比非工作日期间更高；对饭菜满意度越高，人均食物浪费碳足迹越低。越是熟悉节粮宣传等信息干预，大学生每日人均食物浪费碳足迹越低。相对北方饮食文化，南方饮食文化会导致大学生更高的食物浪费碳足迹。区域层面，东部地区大学生每日人均食物浪费碳足迹比中西部地区大学生更高。本章有助于更好把握中国高校食物浪费特征及其资源环境代价，也为食物浪费减量化举措出台提供了针对性思路。

通过对大学生食物浪费行为和相应碳足迹的测度，以及不同特征人群食物浪费碳足迹的比较分析，本章能够得出以下几点启示或政策建议。

第一，高校和食堂管理层要高度重视食堂场所的食物浪费和大学生的食物浪费行为。高校食堂是除家庭、餐馆外的食物浪费"重灾区"之一。本章发现，大学生食物浪费现象十分普遍，中国大学生的食物浪费规模和由此引致碳足迹总量也不容小觑。但目前对中国高校食堂食物浪费及其环境效应的关注十分不足，高校管理层和食堂管理者应当充分重视起来，致力于减少食堂场所的食物浪费，降低食物浪费带来的负面环境效应。

第二，重视特定人群的食物浪费，如女性和本科生。女大学生和本科生的食物浪费碳足迹相对较高，建议进一步挖掘其诱导因素，诸如不同群体的食量、消费观念和环保认知等差异。并据此制定针对性的食物减量措施，如鼓励高校食堂提供小份饭菜、拼菜等供餐制度，方便大学生按需购餐；加强本科生的食物教育，提升其环境保护意识以减少食物浪费。

第三，本章发现区域经济越发达，家庭经济条件越优越，大学生的食物浪费碳足迹越高。因此，可以预见的是，随着中国经济持续增长和大学生家庭收入水平的进一步提升，对肉类等高碳足迹含量食物消费的增加，中国高校场所食物浪费和相应碳足迹还会进一步上升。因此，一方面更呼吁高校学生在维持营养需求的前提下，尽可能地安排日常膳食，避免饮食结构过度西化和对肉类等高碳足迹含量食物的过多消费；另一方面亟须加快政策引导和干预性措施来提前布局，尽可能地减少食物浪费规模和相应的环境负担。庆幸的是，中国政府高度重视食物供给安全，并于2021年出台了《反食品浪费法》，强调全社会要珍惜食物，并对食物浪费进行约束和管控。当然，这一法律的实际效应如何，还有待观察。

第四，高校和食堂管理层要高度重视工作日期间食堂场所的食物浪费和相应碳足迹治理。之所以工作日期间产生的食物浪费更多，相应的碳足迹更高，一方面可能是因为课程学习导致的生活节奏较快，大学生缺乏足够的时间来细嚼慢咽；另一方面可能是因为工作日期间高校食堂餐饮窗口和座位较为拥挤，就餐环境相对较差，导致大学生就餐体验感较低。鉴于此，高校应鼓励学生错峰用餐，并对食堂空间进行优化提升以打造便捷高效的就餐模式。

第五，改善食堂供餐质量和提升大学生就餐满意度对于减少食物浪费和相应碳足迹很有帮助。因此，高校食堂要加强和学生的沟通，致力于改进菜品口味，通过菜品创新和改进，建立高质量、多样化口味的餐饮保障体系，从而尽可能满足大学生群体的日常饮食需求，从而在根源上遏制食物浪费。

第六，加强信息干预可能是减少食物浪费碳足迹的有效手段之一。一方面，食堂管理者应在食堂场所开展爱粮节粮宣传教育，通过多种形式的宣传（标语、短视频等）营造"厉行勤俭节约、反对餐饮浪费"的浓厚氛围；另一方面，高校管理层面应将"食育"课程引入至课堂，加快普及食物浪费和相应环境效应的知识，以提升大学生的节约意识和亲环境行为，从而减少信息短缺和认知水平不够带来的环境成本。

第七，饮食文化对个体食物浪费和相应碳足迹的影响不容忽视。本章表明中国南北方的食物浪费碳足迹差异主要由主食、肉类、蔬菜带来，这与南方主要吃米饭，米饭需要配以菜品（荤素搭配）的饮食习惯密切相关。因此，本章意味着，区域性饮食文化与食物浪费及其碳足迹密切相关。

需要指出的是，本章还存在一定的不足之处。首先，本章未将早餐纳入测度范围内，这可能造成对中国高校食堂场所食物浪费的低估。但考虑到中国高校学生普遍不吃早餐且早餐浪费率较低，因此仅以一日两餐为计算标准也能较为准确地反映高校学生每日食物浪费状况。其次，本章仅仅聚焦大学生群体，没有涉及高校场所其他人群的食物浪费特征，这也会低估中国高校食堂场所产生的食物浪费和相应的碳足迹含量。最后，随着食品外卖行业的兴起，外卖消费逐渐成为中国大学生的替代性消费选择。但限于数据获取，本章并未对该部分展开讨论，有待后续研究予以补充。

第十一章

高校食堂食物浪费的磷足迹研究

食物浪费及其资源环境代价已受到社会的广泛关注（Godfray et al.，2010；Gustavsson et al.，2011；Gruber et al.，2015），是一个国际性议题。联合国（UN）最近发布的可持续发展报告（SDG）提出了要在2050年将全球人均粮食浪费减半的目标。据估计，从农场到餐桌的粮食供应链的各个环节，全球约有1/3的粮食被白白损失或浪费（Kummu et al.，2012）。人们通常认为，在发展中国家，由于缺乏财政、技术和管理资源，粮食损失主要发生在粮食供应链的早期阶段，即生产和收获后处理阶段，属于粮食损失。而消费阶段则取决于消费者行为，属于粮食浪费，这主要发生在发达国家，广大发展中国家是相对较低的（Kummu et al.，2012；Dorward，2012）。

然而，随着发展中国家经济增长，居民生活水平的提升与饮食结构的改变，这种传统模式可能已经发生变化（Parfitt，2013；Thi et al.，2015）。一些研究已经证实，广大发展中国家，尤其是中国这样的新兴国家，消费终端的食物浪费可能比预想得更为严重（王灵恩等，2022）。以中国为例，有诸多研究发现，中国社会的食物浪费现象颇为严峻，在多个消费场所，如城乡居民家庭（Li et al.，2019；Min et al.，2020）、餐馆（Wang et al.，2015）、中小学食堂（Liu et al.，2016）、大学公共食堂（Zhang et al.，2021）、机关食堂，食物浪费现象都十分严重。因此，有效减少食物浪费，对中国这样的人口大国而言，也是十分迫切的。

减损就是增产，减少食物浪费，不仅能在一定程度上更好保障食物安全，而且由于食物浪费会带来一系列环境问题，因此减少食物浪费也会大大缓解相应的资源环境问题（Wu et al.，2019），磷足迹就是不可忽视的问题之一。磷是生态系统物质循环的重要组成部分，也是限制粮食产量的主要元素之一。磷足迹排放正在成为一项严峻的全球挑战，无论是农田还是城市污染中的磷流失到水道中，都会导致水质污染、富营养化、缺氧等资源环境问题，从而损害饮用水、休闲区和渔业等，因此明确考虑磷安全问题的粮食系统干预措施对于实现粮食安全和环境的健康发展至关重要（Genevieve et al.，2016）。

如何持续有效利用磷元素，减少资源环境问题已成为学术界广泛关注的热点。杜马塞特等（Dumaset et al.，2011）构建了全球粮食供应磷的生物地球化学过程模型，并指出影响作物产量的两个关键关系。内塞特等（Neset et al.，2008）对瑞典某市的磷元素生产—消费流动过程进行了研究，指出人均磷元素消费增加的主要原因是畜产品消费量，这同时也是造成污染物排放量增加的主要原因之一。现有文献研究的总体样本相对较少，仅限于某个城市。另外，侧重从理论层面建模，磷足迹测度并不是研究的重点。

梳理现有文献可以发现，国内外学者从宏观、微观角度对食物浪费问题展开了较为丰富的研究，宏观角度涉及全球（Chen et al.，2020）、国家（Song et al.，2018）和地区层面（Wang et al.，2018）。微观角度涉及家庭（Li et al.，2019）、餐馆（Xu et al.，2020）、中小学食堂（Liu et al.，2016）与大学食堂（Wu et al.，2019；Qian et al.，2021）产生的食物浪费。但现有文献多关注微观角度的食物浪费驱动因素，相对忽视食物浪费的环境效应。另外，目前食物浪费的研究要么是调研数据不足，要么是过度依赖二手数据。而采用一手调查数据，测度中国特定场所的食物浪费及磷足迹的文献较少。

为此，本章拟基于一项全国性调查，对中国高校食堂食物浪费及其磷足迹进行测度，以丰富相关研究。之所以选择中国高校食堂的食物浪费作为调查对象，主要是基于以下三方面考虑：第一，中国有着世界上规模最为庞大的高等教育机构，在校学生数量也位列世界第一。第二，大学作为培养高等人才的摇篮，有责任通过其研究和管理自身产生的食物浪费和生态环境效应，为全球可持续发展作出贡献（Qian et al.，2021）。第三，大学食堂场所的食物浪费是家庭外消费食物浪费的重要来源，近些年来得到了国际学界广泛重视。例如，怀特黑尔等（Whitehair et al.，2013）调查了美国堪萨斯州立大学 540 名大学生的食物浪费；佩因特等（Painter et al.，2016）研究了南非罗兹大学 205 名大学生的食物浪费；平托等（Pinto et al.，2018）对葡萄牙里斯本大学农学院餐厅食物浪费进行的跟踪调查，肖布罗克等（Schaubroeck et al.，2018）在比利时根特大学开展了一项案例研究。然而，中国大学的相关研究较少，进行相应磷足迹测度的更是鲜见。因此，有必要深入探究中国高校学生食物浪费状况，并据此制定针对性的减量政策。

本章拟基于一项涉及 29 个省份 29 所高校的全国调查，采用生命周期评价—规划法研究和分析食物供应链各环节磷足迹排放的整个过程，从纵向角度衡量食物浪费及其环境影响，对中国高校食堂食物浪费及其磷足迹进行测度。本章的边际贡献主要有以下几点：第一，首次基于全国层面调查，对高校食堂食物浪费供应链全过程的磷足迹进行测度，有助于理解中国高校场所食物浪费带来的环境效应；第二，基于全国性调查，相较已有文献的小样本调查，对食物浪费的反映更具有代表性，磷足迹测算更可信；第三，开展多维异质性分析，从个体特征、家庭特征、就餐特征等多个视角进行了比较，识别出食物浪费磷足迹的重要影响因素，为减少高校食堂食物浪费与磷足迹排放的政策干预奠定良好的基础。

第二节 研究方法与数据处理

本章对食物浪费内涵的界定和获取的方法与第九章保持一致，食物浪费种类，也参照钱龙等（Qian et al.，2021），将食物种类划分为蔬菜、肉类（猪肉、禽肉和牛羊肉）、水产品、蛋类和粮食（大米、豆类和小麦）5 大类。本章依然考虑到食物生熟转化，具体转换系数与表 9 - 1 保持一致。

关于磷足迹的测度，借鉴已有研究（Metson，2016；Hu et al.，2020），采用生命周期评价—规划法研究磷足迹。它是以高校食堂食物浪费量为基础数据，研究餐饮食物浪费从"农田"到"坟墓"的整个过程，考虑供应链每个阶段的所有投入、损失和排放。该过程包括食物直接和间接地生产、加工、消费和消费终端处理等环节。其中：餐饮消费是核心环节；化肥生产、农业生产、加工处理是餐饮消费的准备与加工阶段；消费终端处理则是餐饮浪费的最终流向，即中国高校食堂消费端食物浪费。具体如图 11 - 1 所示。

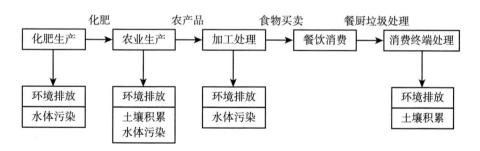

图 11 - 1 食物供应链浪费的磷流动模型框架

将食物浪费各环节磷足迹（PF）定义为浪费 1 千克食物所需投入的所有磷的总量：即

$$PF = P_{food} + P_{w\text{-}fertilizer} + P_{runoff} + P_{erosion} + P_{accumulation} + P_{manure\text{-}waste} + P_{w\text{-}processing}$$

$$(11 - 1)$$

其中：P_{food}是食物浪费（$W_{food-waste}$）的含磷量，具体包括植物类食物浪费的含磷量$P_{crop-food}$和动物类食物浪费的含磷量$P_{livestock-food}$，其中，植物类食物包括蔬菜和粮食类；动物类食物包括肉类（猪肉、禽肉和牛羊肉）、水产品、蛋类；$P_{w-fertilizer}$是化肥生产过程中磷的排放量；P_{runoff}是农业生产过程中的农田径流磷排放量；$P_{erosion}$是农田侵蚀磷排放量；$P_{accumulation}$是农田磷积累量；$P_{manure-waste}$是畜牧粪便废弃磷排放量；$P_{w-processing}$是加工处理过程中磷排放量。具体计算公式见表 11 - 1。

表 11 - 1　　　　　　　食物浪费系统各环节磷收支情况

磷元素循环环节	磷收（支）情况	公式	参数
食堂消费终端处理	浪费的食物含磷量（P_{food}）	$W_{food-waste} \times P_K$	P_K 表示不同农产品的含磷量，见表 11 - 2
生产加工	生产加工磷排放量（$P_{w-processing}$）	$P_{food} \times k_1$	$k_1 = 0.36$
农业生产	农田径流磷排放量（P_{runoff}）	$P_{crop-food} \times k_2$	$k_2 = 0.18$
	农田侵蚀磷排放量（$P_{erosion}$）	$P_{crop-food} \times k_3$	$k_3 = 0.45$
	农田土壤磷积累量（$P_{accumulation}$）	$P_{crop-food} \times k_4$	$k_4 = 4.15$
	畜牧粪便废弃磷排放量（$P_{manure-waste}$）	$P_{crop-food} \times k_5$	$k_5 = 18.00$
	化肥使用量（$P_{u-fertilizer}$）	$P_{crop-food} \times k_6$	$k_6 = 6.23$
化肥生产	化肥生产磷排放量（$P_{w-fertilizer}$）	$P_{u-fertilizer} \times k_7$	$k_7 = 0.15$

注：食物浪费的含磷量（P_{food}）可根据不同农产品磷含量（P）获得（Grote et al.，2005）。

从表 11 - 1 可以看出，食物浪费的环境排放主要包括土壤积累和水体富营养化。其中：土壤污染（Ps）主要包括浪费的食物填埋（P_{food}）和农田土壤磷积累量（$P_{accumulation}$）；水体富营养化（P_w）包括化肥生产磷排放（$P_{w-fertilizer}$）、农田径流磷排放（P_{runoff}）、侵蚀磷排放（$P_{erosion}$）、畜牧粪便废弃磷排放（$P_{manure-waste}$）和生产加工磷排放（$P_{w-processing}$）。因此

$$PF = P_s + P_w \tag{11 - 2}$$

其中，$Ps = P_{food} + P_{accumulation}$

$$Pw = P_{w-fertilizer} + P_{runoff} + P_{erosion} + P_{manure-waste} + P_{w-processing} \tag{11 - 3}$$

表 11 – 2	不同农产品的磷含量	单位：g P/g
食物类型	具体类型	磷含量（P_K）
蔬菜	蔬菜	0.00063
肉类	猪肉	0.00560
	禽肉	0.00150
	牛羊肉	0.00210
水产品	水产品	0.00256
蛋类	蛋类	0.00260
粮食	大米	0.00254
	豆类	0.00605
	小麦	0.00381

资料来源：格罗特（Grote et al.，2005）和沃勒（Waller，2010）。

为了便于不同特征群体磷足迹的比较，采用每日人均食物浪费磷足迹量指标进行衡量，计算公式如下：

$$PF_D = \sum FW_k \times P_k \qquad (11-4)$$

其中，PF_D 表示中国高校食堂每日人均食物浪费磷足迹量（克磷含量/天），FW_K 表示中国高校食堂第 k 类食物不同群体每日人均浪费量（克/天）；P_K 表示不同农产品的磷含量（克磷含量/克食物）。

第三节 结果与分析

一、高校食堂食物浪费磷足迹规模与比例

经测算，中国高校食堂食物浪费的磷足迹规模为 3.209×10^3 吨/年。从食物浪费种类来看，粮食（大米、小麦与豆类）浪费磷足迹量居于首位，占食物总浪费磷足迹量的 56.62%（1.818×10^3 吨/年），其中，小麦与大米浪费的磷足迹量较高，分别达到 25.93%（0.832×10^3 吨/年）与 24.56%（0.788×10^3 吨/年）。其次，肉类（猪肉、禽肉与牛羊肉）浪费

磷足迹量次之,占比 25.44% (0.817×10³吨/年),其中猪肉所含磷足迹最大,占总浪费磷足迹量的 20.28%(0.651×10³吨/年),而禽肉与牛羊肉的磷足迹量则仅为 0.154×10³吨/年、0.013×10³吨/年。蔬菜类浪费的磷足迹量略低于肉类,占食物浪费总浪费磷足迹量的 14.23%;蛋类与水产品磷足迹量相对较少,分别占总浪费磷足迹量的 1.93% 与 1.78%(见图 11-2)。

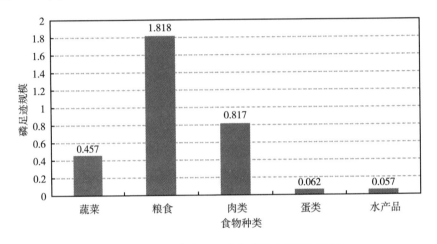

图 11-2　高校食堂食物浪费磷足迹规模与比例

二、高校食堂食物浪费磷足迹的空间分布

中国高校食堂浪费磷足迹地区差异明显。地区经济发展水平对中国高校食堂食物浪费磷足迹存在很大影响,东部地区的食物浪费磷足迹水平明显高于中西部。另外,主食消费模式对食物浪费磷足迹也有较大影响。例如,中国南方的江苏、广东(主要消费大米)人均食物浪费磷足迹最高(分别为 0.477 克磷含量/天和 0.449 克磷含量/天)。相较而言,中国北方的辽宁、北京(主要消费小麦)人均食物浪费磷足迹不到江苏的 1/3(0.122 克磷含量/天)。天津、广东、江苏和海南人均食物浪费磷足迹在全国排名前四(0.446~0.495 克磷含量/天),随后是东部其他地区、中部地区。磷足迹最小的是中国西北和东北地区。因此,表明经济发达地区以大米为主食消费模式,会产生更高的食物浪费磷足迹。

三、磷足迹与个人特征、家庭特征和就餐特征之间的关系

前面已对中国高校食堂食物浪费规模与种类、食物浪费磷足迹规模与比例及空间分布进行了较为详细的探讨，为了进一步地识别影响高校大学生磷足迹产生的关键因素，本章进一步从大学生具体，即个体性别、受教育年限、饭菜满意度、饮食文化和区域经济发展水平等维度进行细分分析（Qian et al.，2021）。

第一，不同性别大学生在高校食堂就餐时的食物浪费磷足迹可能有所差异。根据图 11-3，女大学生人均食物浪费磷足迹是 0.342 克磷含量/天，显著高于男大学生人均食物浪费磷足迹 0.254 克磷含量/天，这一结论表明性别是影响食物浪费磷足迹的关键因素之一。造成这一差异的主要原因是两类群体的浪费总量有所差异，女性浪费总量显著高于男性，尤其是女生的粮食浪费磷足迹差异较大，这一发现与吴等（Wu et al.，2019）的研究结论一致。即高校女性群体主食浪费量显著高于男性。因此，应鼓励高校食堂提供小份额主食的供餐制度，以满足女学生的需求，减少食物浪费及相应磷足迹。

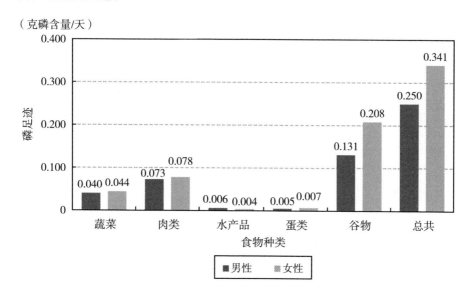

图 11-3 性别与高校食堂食物浪费磷足迹

第二，不同文化程度的个体食物浪费有显著差异，产生的食物浪费磷足迹也可能比较大。结果显示，本科生食物浪费磷足迹明显高于硕博生（见图11－4）。其中，本科生人均食物浪费磷足迹是0.303克磷含量/天，而硕博生的同一指标仅为0.265克磷含量/天，这一结果证实了马塔尔等（Mattar et al.，2018）的研究结论。表明受教育程度的增加有助于减少食物浪费及相应的磷足迹。

（克磷含量/天）

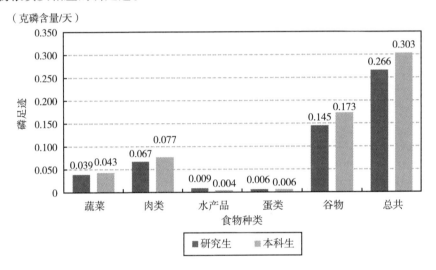

图11－4　不同文化程度与高校食堂食物浪费磷足迹

第三，个体对饭菜满意度与食物浪费密切相关，因此，饭菜满意度与高校食堂食物浪费磷足迹可能也是密切相关的。结果显示（见图11－5），对饭菜满意的大学生食物浪费磷足迹（0.275克磷含量/天）远低于对饭菜不满意的大学生食物浪费磷足迹（0.470克磷含量/天），即饭菜满意度是影响食物浪费磷足迹的关键因素。可能原因是随着饭菜满意度的增加，粮食、肉类与蔬菜的磷足迹下降比蛋类与水产品的磷足迹下降显著。因此，表明提高饭菜满意度有助于降低中国大学食堂主要食物种类的浪费及相应磷足迹，该结论与洛伦茨等（Lorenz et al.，2017）的发现一致。即个体对饭菜满意度越高，产生的食物浪费磷足迹越低。

第四，饮食文化是影响食物浪费的一个关键诱因，这也可能是高校食堂食物浪费磷足迹的一个重要影响因素（见图11－6）。中国南北方恰好有着十分不同的饮食文化。南方是传统的水稻种植区，北方则是以种植小麦为主，从而导致南北方有着显著的饮食文化差异（Qian et al.，2021；Talhelm et al.，2014）。结果显示，南方高校大学生人均食物浪费磷足迹是 0.288 克磷含量/天；北方高校大学生人均食物浪费磷足迹是 0.245 克磷含量/天，南高北低态势较为明显。从原因来看，主要是南北方个体人均粮食浪费磷足迹与人均肉类浪费磷足迹差异导致，分别是 0.019 克磷含量/天和 0.020 克磷含量/天，其次是蔬菜类，南北方差异为 0.005 克磷含量/天，蛋类与水产品差异较小。这意味着南北方大学生的食物浪费磷足迹差异主要是由主食与动物类食物浪费表现分化引致，这与钱龙等（Qian et al.，2021）的发现一致。

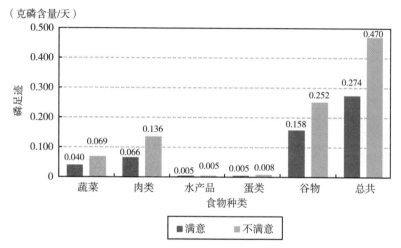

图 11 - 5　饭菜满意度与高校食堂食物浪费磷足迹

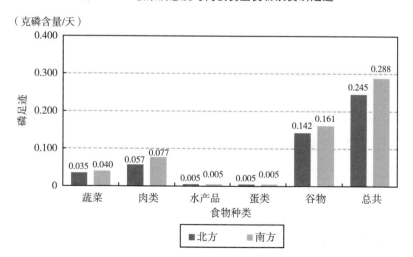

图 11 - 6　饮食文化与高校食堂食物浪费磷足迹

第五，经济发展水平可能是影响高校食堂食物浪费磷足迹一个重要因素。根据图 11−7，中国东部高校大学生人均食物浪费磷足迹是 0.336 克磷含量/天，中西部高校人均食物浪费磷足迹为 0.267 克磷含量/天，呈现东高中西低的现象。造成这一现象的主要原因是，经济发达地区有着更高的食物浪费量，且经济发达对肉类等高磷足迹食物的消费更多。从结果对比来看，食物浪费磷足迹差异主要由肉类决定，东部人均肉类浪费磷足迹显著高于中西部人均肉类浪费磷足迹，达到 0.036 克磷含量/天，其他食物种类浪费的磷足迹差异不明显，因此，区域经济发展水平是食物浪费磷足迹的重要影响因素。

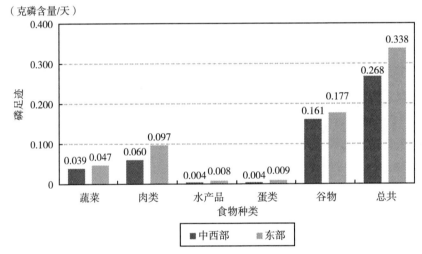

图 11−7 经济发展水平与高校食堂食物浪费磷足迹

第四节　讨论

一、食物浪费及磷足迹

首先，研究发现相较于餐馆就餐产生的食物浪费，在中国高校食堂产生的食物浪费更少（Wang et al.，2018；Xu et al.，2020），但是显著高于家庭居民场所产生的食物浪费（Xu et al.，2020；Li et al.，2021）。这说明高校食堂场所是产生食物浪费相对比较少的一个场所。此外，与西方大学生相比，中国大学生人均产生的食物浪费更少，可能的原因是：一是中国的人均收入更低，相应的食物浪费因此更少；二是中国人有着"谁知盘中餐、粒粒皆辛苦"的爱惜食物的传统文化；三是中西方的食物结构和烹饪文化有所差异，导致个体的食物浪费量有较大差异。

其次，中国高校食堂食物浪费会造成严重的环境污染。经测度，中国高校食物浪费造成的消费终端磷足迹每年是 3.209×10^3 吨，但就整个食物供应链而言，每年的磷足迹达到 34.205×10^3 吨。结合食物浪费量可知，中国高校食堂食物浪费，每浪费 1 千克的食物，则会有 21.97 克的磷排放到环境中。食物浪费磷元素排放对环境的影响主要来自土壤积累与水体污染两部分。其中，水体污染主要源于化肥生产，农业生产中农田径流、农田侵蚀与畜牧粪便与加工处理环节的磷排放，土壤积累主要源于农业生产包含的过量磷肥使用所造成的土壤积累与消费终端环节的食物填埋。因此，食物浪费在带来粮食安全隐患的同时，更会造成严重的环境污染问题。经测算，中国高校食堂食物浪费排放到水体中的磷量是 21.563×10^3 吨，其余 12.64×10^3 吨则排放到土壤中。因此，需要高度重视中国高校食堂产生的磷足迹排放。

最后，本章揭示了影响食物浪费及磷足迹的决定因素。结果表明，个人的性别、受教育年限、饭菜满意度、饮食文化与个体食物浪费产生的磷足迹密切相关。因此，减少食物浪费的应对措施需要考虑到这些关键特征变量，针对不同消费者的特征，应采取针对性的政策。

二、减少食物浪费的政策

高校食堂作为除家庭、餐馆外的食物浪费又一个"重灾区"，高校和食堂管理层要高度重视食堂产生的食物浪费和大学生日益普遍的食物浪费行为。经研究发现，大学生食物浪费现象非常常见，中国大学生食物浪费规模及由此引致的磷足迹总量也不容小觑。但目前对中国高校食堂浪费及对环境影响的关注严重不足，高校和食堂管理层应当重视，致力于减少高校食堂食物浪费，降低食物浪费带来的不良环境影响。因此，本章的研究有助于实施减少食物浪费的政策。

首先，要关注特定人群的食物浪费，例如，性别和学历。女大学生的食物浪费磷足迹相对较高，建议进一步挖掘深层次原因，诸如不同群体的食量、消费观念和环保认知等差异。并据此制定针对性的食物减量措施，如鼓励高校食堂提供小份饭菜、拼菜等供餐制度，方便大学生按需购餐；加强本科生的食物浪费宣传教育，提升其环保认知以减少食物浪费。

其次，不断改善高校食堂餐饮质量与提升大学生就餐满意度，有助于减少食物浪费及相应的磷足迹。因此，高校食堂要加强与学生的沟通，致力于改善菜品口味，不断创新和改进菜品，建立高质量、口味多样的供餐体系，尽可能满足不同群体的日常饮食需求，从而在根源上遏制食物浪费。

再次，重视饮食文化对食物浪费及相应磷足迹的影响。研究表明中国南北方食物浪费磷足迹差异主要源于主食与动物类食物浪费，这与南方的饮食习惯密切相关。因此，区域饮食文化与食物浪费的磷足迹密切相关。

最后，区域经济越发达，大学生的食物浪费磷足迹则越高。可以预见的是，随着中国经济持续增长，对肉类等高磷足迹食物消费的增加，中国高校食堂食物浪费及相应磷足迹还会进一步增加。因此，在维持高校大学生营养均衡的前提下，呼吁大学生改善饮食结构，避免过度追求高磷足迹的食物。此外，政府应出台相关法律措施引导大学生尽可能地减少食物浪费规模和对此造成的环境负担。值得庆幸的是，中国政府已于2021年制定了《反食品浪费法》，强调全社会应珍惜食物，减少食物浪费。当然，由于出台时间较短，实际效果如何还有待观察。

三、局限性

需要承认的是，本章仍然有一定局限性。第一，尽管本章揭示了食物浪费磷足迹产生的潜在决定因素，但仍有一些影响因素尚未被调查，如受访者的主观态度和专业、被调查食堂的就餐环境（如拥挤、清洁）等，另外，一些受访者可能担心个人隐私，不愿提供准确的信息，这可能会降低本章结果的可信度。第二，本章仅聚焦大学生群体，没有考虑高校场所其他人群的食物浪费特征，这也会造成中国高校食堂所产生的食物浪费及相应磷足迹的低估。第三，随着外卖行业的兴起，外卖消费逐渐成为中国大学生替代消费选择。但限于数据获取，本章并未对该部分展开讨论，有待后续进一步研究。

第五节 结论

基于中国 29 个省份 29 所高校食堂食物浪费的调查，基于直接称重法获得的数据，在全国尺度上对中国高校食物浪费规模进行了核算，并进一步测度了大学生食物浪费及所含的磷足迹。主要研究结论如下：

第一，2018 年中国高校食堂食物浪费量为 1.557 百万吨，人均食物浪费量为 144.176 克/天。其中，蔬菜和粮食浪费量占比最高，分别占比 46.564% 和 36.031%。

第二，2018 年中国高校食堂食物浪费的磷足迹为 3.209×10^3 吨，其中，粮食浪费磷足迹最高，达到 1.818×10^3 吨，占食物浪费磷足迹总量的 56.65%，这与李等（Li et al.，2011）等的研究结论相似，即主食类的磷含量是最高的；其次，肉类（猪肉、禽肉与牛羊肉）浪费磷足迹量次之，占比 25.47%。

第三，纵观整个食物供应链，浪费产生的磷足迹达到 34.205×10^3 吨，这意味着每浪费 1 千克的食物，则会有 21.97 克的磷排放到环境中。

第四，研究还发现，性别、受教育年限、饭菜满意度、饮食文化、经济发展水平是影响个体产生的食物浪费磷足迹的重要因素。

本章有助于更好理解中国高校食物浪费特征及其资源环境代价，也为食物浪费减量化措施出台提供了针对性思路。

第十二章

高校食堂食物浪费的
氮足迹研究

　　21 世纪人类面临的严重问题之一就是粮食不安全。"仓廪实，天下安"，对于人口大国中国来说，粮食安全问题尤其重要，粮食安全是国民经济平稳运行的"压舱石"（黄季焜，2021）。当前，大多数政策都是围绕保护十八亿亩耕地红线、建设高标准农田、增加社会化服务、提高科学技术等措施来提高单产，这种通过增加粮食供给的"开源"措施备受学界和政界的高度重视。基于中国人多地少的基本国情，以及当前农业生产要素投入边际效应递减和科技水平短期难以突破的背景，中国粮食产量已接近"天花板"，短期内增产潜力有限。此外，随着城镇化率和人民生活水平的提高，中国居民更加注重膳食营养，对鱼肉蛋奶的需求随之提升，将拉动中国食物需求刚性增长（尹靖华和顾国达，2015；王钢和钱龙，2019）。因此，预计中国粮食供需紧平衡现象会长期存在，且在后续会更加突出，粮食需求缺口将进一步扩大。

　　然而，在这种复杂形势下，中国社会在消费阶段产生食物浪费的现象日益普遍。据估计，中国社会约有19%的可食用食物在消费中被白白浪费（Liu et al.，2013）。江金启等（2018）基于CHNS数据的分析表明，2016年中国城乡居民家庭消费产生的浪费约为1055.60万~1501.55万吨；中国科学院地理科学与资源研究所完成的调查表明，中国在2013~2015年每年在餐饮环节上的食物浪费量高达1700万~1800万吨，相当于3000万~5000万人一年的口粮（张丹等，2016a；张丹等，2016b）；每年因农村家庭食物浪费造成的浪费总量和现金损失分别为312.36万吨和180.41亿元（朱美義等，2022）。由此可知，中国社会的食物浪费十分惊人，亟须引起高度重视。

食物浪费不仅带来了巨额经济损失，而且意味着生产这些食物的资源投入的白白浪费和粮食储存、加工、运输与烹饪食物所用的各项水、土等资源的无效消耗。日益严重的食物浪费现象在造成巨大经济损失的同时，也会带来严重的生态环境资源的压力。研究发现，素食或肉食饮食方式能提供给人类的蛋白质中氮量仅为生产投入的20%，即生产过程中绝大部分氮素都排放到环境中（Galloway et al.，2002）。无论是农业生产农产品过程中氮肥的使用，还是畜牧业养殖过程中粪便的累积，都会造成氮素的大量排放。

国内学者对食物浪费的氮足迹进行了估算，例如，李玉炫等（2012）估算出广州市2009年人均食物氮足迹下降至25.98千克/年，低于发达国家美国、德国和荷兰等的平均水平；张丹等（2017）估算了北京市餐饮食物浪费所引起总的氮排放量为16.37克/人次，其中有1.24克/人次的氮排放来自食物的直接浪费，其余15.13克/人次氮排放来自食物生产过程。北京市餐饮食物浪费的氮足迹为0.22克氮/克食物，即每浪费1克的食物，就有0.22克的氮排放到环境中；张等（Zhang et al.，2018）研究了中国主要粮食作物氮素流失和粮食浪费之间的联系，发现氮素投入损失的39.2%~67.6%在生产阶段，6.6%~15.2%在粮食供应阶段，0.9%~6.7%在消费阶段。

国外学者也高度关注食物浪费氮足迹这一研究领域，有不少学者进行了食物浪费氮足迹的估算，例如，皮埃尔等（Pierer et al.，2014）估算出澳大利亚居民人均食物生产和消费的氮足迹为19.8千克/年。拉斯马斯等

（Rasmus et al.，2022）测算出瑞典人均食物浪费氮足迹为12.1千克/年，其中，可避免的消费阶段食物浪费占整个食物供应过程的7%，这意味着完全消除食物浪费可以减少7%的氮排放。伊丽莎白等（Elizabeth et al.，2017）研究证明可以通过优化食品采购来减少动物产品的消费和最大限度地减少食物浪费来减少氮足迹。

高校作为一个特殊的社会单元，拥有可持续的管理和资源，是一座研究食物浪费的天然实验室。越来越多的学者开始关注学生在高校食堂用餐时产生的食物浪费，但大多数研究主要聚焦高收入的国家，对新兴国家的关注不足。国外许多学者主要研究了大学生食物浪费量的估算和食物浪费行为的影响因素，例如，据估计，一个美国大学生平均每餐浪费88.23克食物（Ellison et al.，2019）；平托（Pinto et al.，2018）等对葡萄牙里斯本大学农学院食堂的餐盘浪费进行了为期一个月的跟踪研究，研究结果表明食物浪费受一系列环境因素的影响，包括与食堂的距离、食堂的性别构成、用餐时间和用餐选择；怀特黑尔（Whitehair et al.，2013）等人调查了美国堪萨斯州立大学540名大学生产生的食物浪费，研究结果表明让大学生意识到食物浪费的话题可能有助于改善他们的食物浪费行为。

中国高校食堂食物浪费也引起了越来越多的关注，国内学者主要研究了大学生食物浪费的特征和食物浪费的影响因素，例如，吴等（Wu et al.，2019）等结合直接称重法、问卷调查法和回归分析法，以6所大学样本为观察基础，量化了北京市大学生的餐盘浪费，并确定了北京市大学生食堂食物浪费的特点和影响因素。研究证明大学生的餐盘浪费中主食和蔬菜所占比例最大，餐盘浪费与大学生的年级和经济状况有明显的相关关系。钱龙等（Qian et al.，2022）等通过对全国高校的实地调研，基于调查问卷研究了高校食堂食物浪费的概况，进一步探讨了我国南北方饮食文化和中国高校学生的食物浪费行为间的密切关系，即以大米为主食的南方人比以小麦为主食的北方人浪费更多的食物。

只有少量研究涉及食物浪费的环境效应，朱强等（2020）研究表明高校餐饮食物浪费的碳足迹较高，有必要在节能减排方面作出更多的努力。但是氮足迹的研究鲜有涉及，氮元素是人体必需元素，是限制粮食生产的重要因素，大量的氮排放会造成环境问题并威胁人类的健康，例如酸雨、雾霾、富营养化和气候变化（Allision et al.，2013）。因此，有必要对高校食堂食物浪费的氮足迹做进一步研究。

本章基于中国 29 个省份 29 所高校的调查，对我国高校食堂的食物浪费及其氮足迹进行了测量。本章的边际贡献主要有以下几个方面：第一，首次在全国调查的基础上测量了高校食堂食物浪费整个过程的氮足迹，这有助于了解中国高校食物浪费的环境效应。第二，采用生命周期评价—规划法研究和分析食物供应链各环节氮足迹排放的整个过程，从纵向角度衡量食物浪费及其环境影响。且本章基于全国调查，与现有文献中的小样本调查相比，对食物浪费的反映更有代表性，氮足迹的测量更可信。第三，进行了多维异质性分析，从个体特征、家庭特征、就餐特征等多角度识别食物浪费氮足迹的重要影响因素，为高校减少食物浪费和氮足迹排放可能的政策干预奠定基础。

第二节　数据处理与研究方法

一、食物浪费的测度

本章借鉴 FAO 的食物浪费概念，食物浪费被定义为在现有条件下可以避免的废弃食用食物（FAO，2014；Wang et al.，2017），不宜食用的部分（如骨头、蛋壳、蔬菜皮等）不属于食物浪费范畴。梳理现有文献可知，目前获得食物浪费相关数据的方法包括间接法（Stancu et al.，2016）和直接法。两者相较而言，虽然直接法更耗时和劳动密集，但其能够产生更准确、客观的食物浪费数据。为此，本章拟借鉴王灵恩等（2017）和吴等（Wu et al.，2019），采纳直接称重法来获取中国高校食堂食物浪费一手数据。

考虑到生食（食物原材料）加工为熟食过程中不可避免的水分含量变化和烹饪损失，借鉴王灵恩等（Wang et al.，2018），拟利用熟食—生食转换系数将所浪费的熟食数目转换为对应的生食数量，以便更加准确测度食物浪费量。此外，由农产品加工转换为生食的过程中，也同样存在能量和物质耗散，使得支持单位消费产品生产的氮排放量有所增加（张丹等，

2016b），本章拟借鉴阿德罗杜姆等（Adelodun et al.，2021）、王灵恩等（Wang et al.，2018）的研究，进一步利用生食—农产品转换系数加以换算。具体转换系数和数据详见表9-1。

二、氮足迹的计算方法

根据生态足迹的定义，本章将食物浪费的氮足迹（NF）定义：浪费1千克食物所需要投入的氮总量（N_{input}），包括浪费的食物中所含的氮量（N_{food}），以及生产这些食物所引起的氮的排放量。此外，定义食物源氮的使用效率（ε_N）：投入1千克的氮所生产出食物中的含氮量。则：

$$NF = N_{input}/W_{foodwaste} \tag{12-1}$$

$$\varepsilon_N = N_{foodwaste}/N_{input} \tag{12-2}$$

基于已有研究结果，构建全国高校食堂食物浪费的氮流动及其环境影响模型，如图12-1所示。

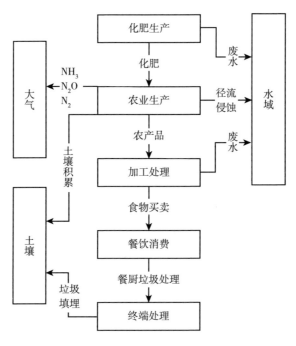

图12-1 全国高校食堂食物浪费的氮流动及其环境影响框架模型

中国高校食物浪费的氮流动过程主要包括化肥生产、农业生产、加工处理、餐饮消费、终端处理 5 个阶段。

（一）化肥生产阶段

在生产加工氮肥的过程中，原料所含的氮并不能完全转化为氮肥，有一部分会随工业污水排放到水体中。该部分即为化肥生产过程中氮损失量（$N_{w\text{-fertilizer}}$）。

（二）农业生产阶段

农业生产过程中施加的氮肥，会在整个农业系统中进行循环与转换，从而用于生产食物，包括粮食、蔬菜、肉类、奶类等。在这一阶段，生产出来食物中所含的氮，即为有效部分，而在这过程中，由于农田径流（N_{runoff}）、农田侵蚀（$N_{erosion}$）、农田积累（$N_{accumulation}$）、耕作 NH_3（$N_{NH_3\text{-farm}}$）、N_2O（$N_{N_2O\text{-farm}}$）和 N_2（$N_{N_2\text{-farm}}$）的排放，畜牧产品生产时 NH_3（$N_{NH_3\text{-livestock}}$）、$N_2O$（$N_{N_2O\text{-livestock}}$）、$N_2$（$N_{N_2\text{-livestock}}$）的排放以及畜牧粪便排放（$N_{manure}$）所造成的氮损失，则为无效部分，分别排放到环境中，并对大气、水体和土壤产生影响。

（三）加工处理阶段

食物加工过程并不能将食物原材料转换为人们所需要的食物，未被利用的部分所含的氮（$N_{w\text{-processing}}$），会随污水排放到水体中；经加工生产的食物，则可以被人们所消费。

（四）食物消费及终端处理

该过程是食物浪费的终端，人们所浪费的食物中所含的氮元素（$N_{w\text{-processing}}$），会通过终端处理而被填埋，从而进入土壤之中。

食物浪费的氮流动过程中所产生的环境影响主要包括土壤氮积累（N_{soil}）、大气污染（$N_{atmosphere}$）和水体污染（N_{water}）。其中：土壤氮积累主要来自包括浪费食物填埋和农田氮的积累；大气污染主要与农业生产过程的作物生产和畜牧业养殖有关；水体污染则包括化肥生产过程中污水排放、农业生产过程中农田径流氮排放和侵蚀氮排放、畜牧粪便氮排放，以及加工处理过程中的氮排放。因此：

$$N_{input} = N_{food} + N_{w\text{-}fertilizer} + N_{runoff} + N_{erosion} + N_{accumulation} + N_{NH_3\text{-}farm}$$

$$+ N_{N_2O\text{-}farm} + N_{N_2\text{-}farm} + N_{NH_3\text{-}livestock} + N_{N_2O\text{-}livestock}$$

$$+ N_{N_2\text{-}livestock} + N_{manure} + N_{w\text{-}processing} \quad (12-3)$$

$$N_{soil} = N_{food} + N_{accumulation} \quad (12-4)$$

$$N_{atmosphere} = N_{NH_3\text{-}farm} + N_{N_2O\text{-}farm} N_{N_2\text{-}farm} N_{NH_3\text{-}livestock} + N_{N_2O\text{-}livestock} + N_{N_2\text{-}livestock}$$

$$(12-5)$$

$$N_{water} = N_{w\text{-}fertilizer} + N_{runoff} + N_{erosion} + N_{manure} + N_{w\text{-}processing} \quad (12-6)$$

高校食堂食物浪费的含氮量可根据不同农产品氮含量（N%）获得（见表12-1）；高校食堂食物浪费的氮流动过程中不同阶段的氮分配比例，主要来源于已发表的资料（见表12-2）。其中，牛肉单位氮含量0.0250，羊肉单位氮含量0.0230，由于测量时牛羊肉并未分开称重，所以本章取牛肉和羊肉的平均单位氮含量0.0240来计算牛羊肉的氮含量。

表 12-1 　　　　　　　　　　不同食物单位氮含量

蔬菜	豆制品	蛋类	米饭	面食
0.0043	0.0586	0.0168	0.0124	0.0215

禽肉	猪肉	牛肉	羊肉	水产品
0.0240	0.0240	0.0250	0.0230	0.0218

表 12-2 　　　　　　全国高校食物浪费氮循环各环节氮收支情况

氮循环环节	氮收支情况	计算公式	参数
终端处理	食物含氮量（N_{food}）	$Q_{food} \times N\%$	见表 12-1
生产加工	生产加工氮损失量（$N_{w\text{-}processing}$）	$N_{food} \times k_1$	$k_1 = 0.36$
农业生产	农田径流氮损失量（N_{runoff}）	$N_{crop\text{-}food} \times k_2$	$k_2 = 2.86$
	农田侵蚀氮损失量（$N_{erosion}$）	$N_{crop\text{-}food} \times k_3$	$k_3 = 0.14$
	农田土壤氮积累量（$N_{accumulation}$）	$N_{crop\text{-}food} \times k_4$	$k_4 = 0.14$
	农田排放的 NH_3（$N_{NH_3\text{-}farm}$）	$N_{crop\text{-}food} \times k_5$	$k_5 = 2.71$
	农田排放的 N_2O（$N_{N_2O\text{-}farm}$）	$N_{crop\text{-}food} \times k_6$	$k_6 = 0.14$
	农田排放的 N_2（$N_{N_2\text{-}farm}$）	$N_{crop\text{-}food} \times k_7$	$k_7 = 2.29$

续表

氮循环环节	氮收支情况	计算公式	参数
农业生产	牲畜排放的 NH_3（$N_{NH_3\text{-livestock}}$）	$N_{livestock\text{-food}} \times k_8$	$k_8 = 5.50$
	牲畜排放的 N_2O（$N_{N_2O\text{-livestock}}$）	$N_{livestock\text{-food}} \times k_9$	$k_9 = 0.25$
	牲畜排放的 N_2（$N_{N_2\text{-livestock}}$）	$N_{livestock\text{-food}} \times k_{10}$	$k_{10} = 1.00$
	畜牧粪便废弃 N 排放量（N_{manure}）	$N_{livestock\text{-food}} \times k_{11}$	$k_{11} = 7.50$
	化肥使用量（$N_{u\text{-fertilizer}}$）	$N_{crop\text{-food}} \times k_{12}$	$k_{12} = 8.71$
化肥生产	化肥生产氮损失量（$N_{w\text{-fertilizer}}$）	$N_{u\text{-fertilizer}} \times k_{13}$	$k_{13} = 0.15$

第三节　结果与分析

一、高校食堂食物浪费氮含量情况

经测算，中国高校食堂食物浪费的氮含量为 1.964 万吨/年。从食物浪费种类来看，粮食（大米、小麦与豆类）浪费的氮含量居于首位，占总浪费氮含量的 53.25%（1.05 万吨/年），其中，小麦与大米浪费的氮含量较高，分别达到 23.87%（0.47 万吨/年）与 19.51%（0.38 万吨/年）。其次，肉类（猪肉、禽肉与牛羊肉）浪费氮含量次之，占比 26.27%（0.52 万吨/年），其中猪肉和禽肉浪费氮含量较高，分别占总浪费氮含量的 13.43%（0.26 万吨/年）和 12.05%（0.24 万吨/年），而浪费的牛羊肉氮含量（0.016 万吨/年），占比为 0.79%。蔬菜类浪费的氮含量略低于肉类，占总浪费氮含量的 15.84%；蛋类与水产品浪费的氮含量相对较少，分别占总浪费氮含量的 2.05% 与 2.60%（见图 12-2）。

二、中国高校大学生食堂用餐食物浪费的全过程氮足迹及其环境效应

（一）中国高校大学生食堂用餐食物浪费全过程氮足迹

中国高校大学生食堂用餐食物浪费的氮排放及其氮足迹如表 12-3 所示。

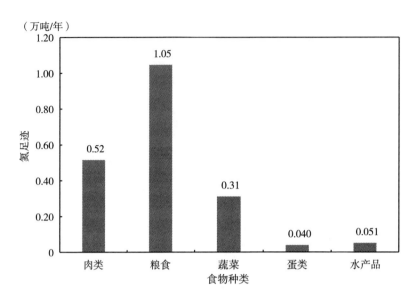

（万吨/年）

图 12 - 2　中国高校食堂全年各类食物氮足迹及其占比

表 12 - 3　　　　中国高校大学生食堂用餐食物浪费的氮足迹

氮循环环节	浪费含氮量（万吨/年）	浪费含氮量占比（%）
终端处理	$N_{food} = 1.964$	5.43
生产加工	$N_{w-processing} = 0.707$	1.96
农业生产	$N_{NH_3-farm} = 3.678$	10.73
	$N_{N_2O-farm} = 0.190$	0.53
	$N_{N_2-farm} = 3.108$	8.60
	$N_{runoff} = 3.881$	10.73
	$N_{erosion} = 0.190$	0.53
	$N_{accumulation} = 0.190$	0.53
	$N_{u-fertilizer} = 11.820$	32.69
	$N_{NH_3-livestock} = 3.340$	9.24
	$N_{N_2O-livestock} = 0.152$	0.42
	$N_{N_2-livestock} = 0.607$	1.68
	$N_{manure} = 4.555$	12.60
化肥生产	$N_{w-fertilizer} = 1.773$	4.90
合计	36.154	100

中国高校大学生食堂用餐食物浪费所引起总的氮排放量为36.154万吨/年，其中有1.964万吨/年的氮排放来自食物的直接浪费，其余34.19万吨/年氮排放来自食物生产过程。中国高校大学生食堂用餐食物浪费的氮足迹为0.23克氮含量/克食物，即每浪费1克的食物，就会有0.23克的氮排放到环境中。

从中国高校大学生食堂用餐食物浪费氮流动的过程来看，农业生产过程的氮排放量最大，为31.71万吨/年，占总氮排放量的87.71%。在农业生产过程中，氮排放量最大的为化肥的使用（11.82万吨/年），占农业生产过程的32.69%；以畜牧业养殖过程中的粪便累积造成的氮排放次之，占总氮排放量的12.60%；紧跟其后的是农田径流的氮损失量（3.881万吨/年）和农田排放的NH_3所引起的氮排放（3.678万吨/年），均约占整个氮排放过程的10%（见图12-3）。

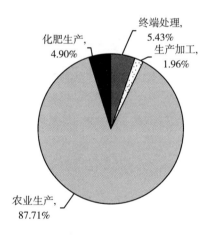

图12-3　中国高校食堂用餐浪费氮足迹阶段占比

（二）中国高校大学生食堂用餐食物浪费氮足迹的环境排放

从中国高校食堂用餐食物浪费氮排放的环境影响来看：第一，排放到水体中的氮元素可以引起水体富营养化，主要来自化肥生产、农业生产以及食品生产加工等阶段，它们所引起的氮排放量分别为1.773万吨/年、8.626万吨/年和0.707万吨/年。因此，整个食物浪费过程所排放到水体中的氮量为11.11万吨/年，即每浪费1克的食物，就会向水体中排放0.07克的氮。第二，排放到大气中的氮会产生温室效应，主要来自农业生产过程NH_3、N_2O

和 N_2 的排放，其中农田种植会产生 $NH_3$3.678 万吨/年、N_2O 0.190 万吨/年和 $N_2$3.108 万吨/年，畜禽养殖排放 $NH_3$3.340 万吨/年、N_2O 0.152 万吨/年和 $N_2$0.607 万吨/年。整个食物浪费过程中排放到大气中的氮为 11.07 万吨/年，由此可知，每浪费 1 克的食物，就会向大气中排放 0.07 克的氮。第三，土壤中氮积累主要来自农业生产和餐厨垃圾填埋阶段，分别为 0.190 万吨/年和 1.964 万吨/年。整个食物浪费过程中排放到土壤中的氮为 2.15 万吨/年，即每浪费 1 克的食物，土壤中积累氮量为 0.01 克（见图 12 - 4）。

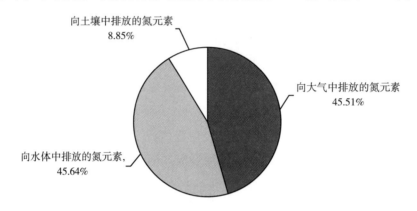

向土壤中排放的氮元素
8.85%

向大气中排放的氮元素
45.51%

向水体中排放的氮元素，
45.64%

图 12 - 4   中国高校大学生食堂用餐氮足迹的环境效应

三、中国高校大学生不同群体食物浪费的氮足迹差异

为了解不同特征群体大学生食物浪费氮足迹的差异，本章从个体性别和用餐时间入手进行异质性分析，该分析仅针对食物浪费的终端阶段。

（一）不同性别对比

从性别来看（见图 12 - 5），女性高校食堂用餐食物浪费氮含量显著大于男性，女性是 1.20 克/人次，男性是 0.81 克/人次。其中，水产品差异最为明显，女性水产品浪费含氮量为 0.20 克/人次，男性仅为 0.03 克/人次，女性水产品浪费含氮量接近男性的七倍。其次是主食类差异，女性主食类食物浪费含氮量为 0.59 克/人次，比男性主食类食物浪费含氮量（0.39 克/人次）多 0.20 克/人次；女性蔬菜浪费含氮量（0.15 克/人次）高于男性蔬菜浪费含氮量（0.14 克/人次）0.01 克/人次；蛋类和肉类食物浪费含氮量男女基本持平，分别为 0.02 克/人次和 0.24 克/人次。

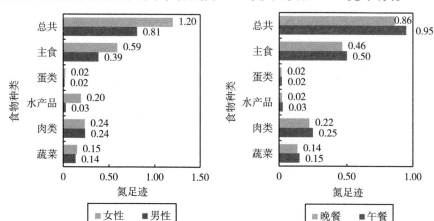

图 12 - 5　食物浪费氮足迹：不同个体特征的比较分析

（二）不同用餐时间对比

从用餐时间来看（见图 12 - 5），午餐食物浪费含氮量（0.95 克/人次）明显高于晚餐食物浪费含氮量（0.86 克/人次）。其中，除了午餐与晚餐高校食堂用餐的蛋类浪费含氮量（0.02 克/人次）保持一致之外，其他食物浪费含氮量午餐均高于晚餐。首先，午餐的蔬菜（0.15 克/人次）和水产品（0.03 克/人次）浪费含氮量比晚餐的蔬菜（0.14 克/人次）和水产品（0.02 克/人次）浪费含氮量均高 0.01 克/人次；其次，午餐的肉类（0.25 克/人次）浪费含氮量比晚餐的肉类（0.22 克/人次）浪费含氮量高 0.03 克/人次；最后，午餐的主食类浪费含氮量（0.50 克/人次）比晚餐的主食类浪费含氮量（0.46 克/人次）高 0.04 克/人次。

第四节　讨论

一、食物浪费及氮足迹

中国高校大学生食堂用餐食物浪费量平均为 71.58 克/人次（换算

后），人均食物浪费的氮足迹为 0.23 克氮含量/克食物，即每浪费 1 克的食物，就会有 0.23 克的氮排放到环境中。首先，从浪费量来看，高校食堂人均浪费量低于北京餐饮消费人均浪费量 74.39 克/人次，可能是由于在食堂就餐时通常只需要预估自己一个人的饭菜量，而在餐馆就餐时不好预估其他同伴的饭菜需求量而造成更多的浪费；其次，从浪费比重来看，其蔬菜、主食和肉类的比例约为 1∶4∶2，这与北京餐饮消费中蔬菜、主食和肉类的比例 2∶1∶1 有很大的不同（张丹，2017），这可能是由于在学校食堂和餐馆消费习惯不同造成的，在学校食堂消费时主食通常占很大的比重，而在外消费时主食所占比重较小，这就使得食堂消费造成的主食浪费量更多；最后，从食物浪费氮足迹来看，高校食堂人均食物浪费氮足迹高于北京餐饮人均食物浪费氮足迹 0.22 克氮含量/克食物，这主要是由于农业生产过程氮排放量最大，而高校食堂主食类人均食物浪费量高于北京餐饮主食类人均食物浪费量，主食类食物经农业生产过程形成，因而氮排放量更大。

在食物消费终端阶段，高校食堂食物浪费氮含量每人每餐为 0.91 克，占整个食物供应环节的 5.43%，这与瑞典可避免的食物消费阶段浪费氮含量占整个食物供应环节的 7% 不同（Rasmus et al.，2022），可能与中国农业生产过程中肥料的大量使用有关，因此在生产过程中造成了更大比例的氮排放量。另外，通过不同群体的异质性分析显示女性食物浪费氮含量（1.20 克/人次）高于男性（0.81 克/人次），究其原因发现主要是女性主食类浪费量高于男性，这可能是由于女性食量低于男性造成的浪费；其次，午餐食物浪费氮含量（0.95 克/人次）显著高于晚餐（0.86 克/人次），分析发现主要是由于午餐的主食和肉类浪费量高于晚餐主食和肉类浪费量造成的，这可能是由于大部分人认为晚餐摄入少量食物有利于身体健康，在晚餐时有意识地少购买饭菜量，使得晚餐的浪费量更少。

二、管理启示

通过对大学生食物浪费行为和相应氮足迹的测度，以及不同特征人群食物浪费氮足迹的比较分析，本章能够得出以下几点启示或政策建议。

第一，合理控制中国高校大学生食堂用餐的食物浪费量，对于减少食物浪费和环境污染都具有重要的意义；第二，从氮流动过程来看，氮排放量最大的为化肥的使用（11.82万吨/年），所以我们应尽量减少化肥的使用量，多从技术提高等其他方面来寻求农业绿色可持续发展的途径；第三，女性高校食堂用餐食物浪费含氮量（1.20克/人次）显著大于男性（0.81克/人次），这可能是由于女性食量比男性小，所以高校食堂应该尽可能地出一些小分量菜品供给于食量小的消费者，以期减少不必要的食物浪费；第四，午餐食物浪费含氮量（0.95克/人次）高于晚餐浪费含氮量（0.86克/人次），所以有必要宣传膳食营养健康知识，从而避免"午餐要吃饱"的传统意识带来的食物浪费。

三、局限性

需要指出的是，本章还存在一定的局限性。首先，未将早餐纳入测度范围内，这可能造成对中国高校食堂场所食物浪费的低估。但考虑到中国高校学生普遍不吃早餐且早餐浪费率较低，因此仅以一日两餐为计算标准也能较为准确地反映高校学生每日食物浪费状况。其次，仅仅聚焦大学生群体，没有涉及高校场所其他人群食物浪费，这会低估中国高校食堂场所产生的食物浪费和相应的氮足迹含量。最后，由于本章未考虑人体排泄过程，这导致估算结果可能比现实小。另外，随着食品外卖行业的兴起，外卖消费逐渐成为中国大学生的替代性消费选择，但限于数据获取，本章并未对该部分展开讨论，有待后续研究予以补充。

第五节　结论

本章基于中国29个省份29所高校食堂食物浪费的调查和直接称重获取的数据，在全国尺度上对中国高校食物浪费规模进行了核算，并进一步测度了大学生食物浪费所隐含的氮足迹含量。主要发现如下：第一，中国高校大学生食堂用餐食物浪费所引起总的氮排放量为36.154万吨/年，其中有 1.964 万吨/年的氮排放来自食物的直接浪费，其余 34.19 万吨/年氮排放来自食物生产过程。从中国高校大学生食堂用餐食物浪费氮流动的过程来看，氮排放量最大的为化肥的使用（11.82 万吨/年）占整个氮流动过程的 32.69%。第二，中国高校大学生食堂用餐食物浪费氮排放对环境的影响中，大气污染和水体污染最为严重，土壤污染次之。即每浪费 1 克的食物，就会向水体中排放 0.07 克的氮，向大气中排放 0.07 克的氮，土壤中积累氮量为 0.01 克。第三，从个体性别和用餐时间分别针对不同群体特征的高校大学生食堂用餐食物浪费氮含量进行异质性分析，分析发现女性高校食堂用餐食物浪费含氮量（1.20 克/人次）显著大于男性（0.81 克/人次），午餐食物浪费含氮量（0.95 克/人次）高于晚餐浪费含氮量（0.86 克/人次）。

第十三章

结论与启示

高校食堂食物浪费在食物浪费总量中占有很大的份额，带来了巨大的经济损失和环境压力。本书通过对全国高校食堂食物浪费进行测度，揭示了大学生的食物浪费情况，并从个体审美、饮食文化、政策干预等创新性视角出发，分析 BMI、南北饮食文化差异、"光盘行动"对于大学生食物浪费的影响。同时高校食堂食物浪费也存在相应的环境效应，包括生态足迹、碳足迹、磷足迹和氮足迹。基于上述判断，本章开展了深入的理论思考和一系列实证分析。根据前述理论和实证分析，本书大致可以得出以下几个关键结论和研究发现，并基于此引出相应启示或对策建议。

第一节　主要结论

第一，关于高校食堂食物浪费的测度与影响因素，主要结论包括三方面。一是青年大学生在食堂就餐时的浪费现象十分普遍，大约有 74% 的大学生有食物浪费，人均每餐次食物浪费量达到了 61.03 克，人均每餐次的食物浪费率为 12.13%。其中，粮食和蔬菜是浪费最多的食物，而水果、肉类和蛋制品浪费最少。二是在浪费量上，高校食堂的食物浪费比餐厅少；在浪费率上，高校食堂的食物浪费比家庭层面的食物浪费严重。与国外高校食物浪费相比，中国大学生似乎比西方大学的同龄人浪费更少的食物。三是个体维度的性别、学历、浪费习惯，家庭维度的家庭经济水平、饮食维度的饭菜重量、对饭菜口味的满意度，以及南北区域差异是解释个体食物浪费行为的重要影响因素。

第二，身材对青年人食物浪费行为的影响非常关键。在以瘦为美的主流审美标准的影响下，大多数人，特别是青年人都期待自己能拥有苗条的身材。很多试图减肥的中国年轻人采纳过节食这种措施来控制和减少自己的体重。然而，为了减肥而刻意节食，很可能引致较为严重的食物浪费问题。本书证实，相对于适中型身材和偏胖型身材，苗条型身材出现食物浪费的比例最高，即苗条的人会更浪费食物。并且，研究还发现，BMI 对女性和南方人食物浪费行为的影响更小，对男性和北方人的影响较大。因此，要注意身材对个体食物浪费行为的影响。

第三，南北方饮食文化差异在高校食堂食物浪费行为中发挥着不可忽视的重要作用。中国是一个地理面积广袤的国度，不同区域人们的餐饮习俗和饮食文化有很大差异。中国北方以种植小麦为主，形成了"粉面"饮食模式；中国南方以种植水稻为主，形成了"饭菜"饮食模式。鉴于南北方的主流饮食模式差异明显，本书重点从南北地域差异视角解读了个体的食物浪费行为。研究表明，在高校食堂就餐时，南北方籍贯显著影响个体食物浪费行为，相对于北方人，南方人出现食物浪费的概率平均要高 2.05个百分点，平均每餐食物浪费量会多 17.10 克，平均每餐的食物浪费率要高 3.45 个百分点。也就是说，相对北方大学生，南方大学生会更浪费食物。引入中介效应模型发现，主流饮食模式不同是解释南北方大学生食物浪费行为的关键所在，即北方的"粉面"饮食模式导致了北方大学生有更低的食物浪费率，南方的"饭菜"饮食模式导致食物浪费程度更重。

第四，"光盘行动"这一食物节约运动在减少食物浪费中的总体效果虽不明显，但在分样本中仍然存在不同程度的影响。"光盘行动"是中国社会影响范围最广、涉及人群最多的食物节约运动。在中国高校场所食物浪费严峻的背景下，考察"光盘运动"对大学生食物浪费行为的影响具有重要意义。本书研究表明，相对不太熟悉"光盘行动"的大学生，熟悉"光盘行动"的个体有着更低的食物浪费概率，但总体效果并不明显，与政策预期有差距。分样本中，"光盘行动"对男大学生和女大学生、独生子女和非独生子女大学生的浪费行为也没有显著分化。但是"光盘行动"对城市大学生和农村大学生、不同浪费习惯个体的影响有差异。并且，通过观看节约食物视频音像来宣传"光盘运动"更能显著减少食物浪费。

第五，食物浪费不仅带来大量的营养损失，对食物生产和供给量及结构造成冲击，也会给食物生产所需耕地资源及生态环境承载力带来新挑战。本章基于一项涉及 29 个省份 29 所高校 9192 名大学生的全国性调查，对大学生在食堂就餐时产生的食物浪费进行估算，并进一步测度了大学生食物浪费所隐含的生态足迹含量。本书研究表明，2018 年中国高校食堂食物浪费总量达 154.6 万吨，大学生每日人均食物浪费量为 143.16 克/天。其中，蔬菜和粮食浪费量最高，分别占食物浪费总量的 46.796% 和 36.234%。而 2018 年中国高校食堂食物浪费生态足迹总量达 6.636 百万平方米，每日人均食物浪费生态足迹为 614.435 平方米。其中粮食类生态足迹浪费含量最高，达 3.137 百万平方米，约占食物浪费生态足迹总量的 47.279%；其次为肉类生态足迹，占比约 36.078%（2.394 百万平方米）。从人群特征分化视角来看，女大学生、本科生、家庭经济状况较好的大学生、工作日期间、对饭菜不太满意的大学生、南方地区大学生、东中部高校大学生人均食物浪费生态足迹较高。

第六，在全球气候加剧变化的时代背景下，食物浪费作为"隐性"的温室气体生产者，已然成为全球气候变暖的巨大推手。本书研究表明，2018 年中国高校食堂食物浪费碳足迹总量达 251.3 万吨二氧化碳当量，每日人均食物浪费碳足迹为 232.689 克二氧化碳当量。其中肉类和粮食浪费碳足迹最高，分别占食物浪费碳足迹总量的 46.276% 和 36.522%。从人群特征分化视角来看，女大学生、本科生、家庭经济优越大学生、工作日期间大学生、东部地区大学生，每日人均食物浪费碳足迹较高；南方饮食文化会导致大学生更高的食物浪费碳足迹；而对饭菜满意度越高，人均食物浪费碳足迹越低；越是熟悉节粮宣传等信息干预，大学生每日人均食物浪费碳足迹越低。

第七，磷是生态系统物质循环的重要组成部分，也是限制粮食产量的主要元素之一。磷足迹排放正在成为一项严峻的全球挑战。明确考虑磷安全问题的粮食系统干预措施对于实现粮食安全和环境的健康发展至关重要。本书研究表明，2018 年中国高校食堂食物浪费的磷足迹为 3.209×10^3 吨/年，其中，粮食浪费磷足迹最高，达到 1.818×10^3 吨/年，占食物浪费磷足迹总量的 56.65%，肉类（猪肉、禽肉与牛羊肉）浪费磷足迹量次之，占比 25.47%。纵观整个食物供应链，浪费产生的磷足迹达到 34.205×10^3 吨/年，这意味着每浪费 1 千克的食物，则会有 21.97 克的磷排放到环境中。此外，饭菜满意度、性别、区域经济发展水平、饮食文化、受教育年限是食物浪费磷足迹的重要影响因素。

第八，日益严重的食物浪费现象在造成巨大的经济损失的同时，也会带来严重的氮排放压力。本书研究表明，中国高校大学生食堂用餐食物浪费所引起总的氮排放量为 36.154 万吨/年，其中有 1.964 万吨/年的氮排放来自食物的直接浪费，其余 34.19 万吨/年氮排放来自食物生产过程。从食物浪费氮流动的过程来看，氮排放量最大的为化肥的使用（11.82 万吨/年），占整个氮流动过程的 32.69%。从食物浪费氮排放对环境的影响来看，大气污染和水体污染最为严重，土壤污染次之。此外，异质性分析表明，女性高校食堂用餐食物浪费含氮量显著大于男性，午餐食物浪费含氮量高于晚餐浪费含氮量。

第二节　政策启示

基于上述研究，不难得出以下几点政策启示。

第一，要高度重视高校食堂产生的食物浪费。食物浪费已经成为一个全球性现象，大量的食物被白白浪费，造成了巨大的经济压力和环境压力。而高校食堂食物浪费在食物浪费总量中占有很大的份额，它是除家庭、餐馆外的食物浪费"重灾区"之一。即便如此，目前对中国高校食堂食物浪费的关注却仍然不足。因此，加强对高校食堂食物浪费行为的关注，不仅能够识别食物浪费产生的经济、社会、环境效应，也有助于发掘食物浪费行为的关键驱动因素，为推动《反食品浪费法》、"光盘行动"等在高校食堂的落地实施、保障资源的可持续发展奠定基础，为缓解食物浪费的资源环境压力、改善全球粮食安全做贡献。

第二，针对青年群体为了管控身材而引发的食物浪费要予以特别关注。让身材变苗条的手段是多样化的，因为害怕吃胖而主观浪费食物的行为并不可取。青年群体更多选择节食以外的其他路径来维持和减少体重，形成正确的食物消费观和健康观。同时也要识别出需要关注的重点群体，如食物浪费量更多的女性或南方人，进一步挖掘其诱导因素，如不同群体的食量、消费观念和环保认知等差异，并制定针对性的食物减量措施。

第三，重视不同地域饮食文化差异造成的食物浪费影响。研究表明南方人均食物浪费生态足迹明显高于北方。本章的目标并不是为了证明南方人还是北方人更浪费食物，也不是为了说明北方的"粉面"饮食模式比南方的"饭菜"饮食模式更优越，而是试图呈现一个客观事实：相对而言，南方的饮食模式会导致更多的食物浪费。我们应该重点关注南方地区，在尊重不同区域饮食文化的同时，呼吁南北方都适量购买食物，通过适当的烹饪方式尽可能减少浪费的产生。令人鼓舞的是，当前南北方的饮食模式出现了日渐趋同的现象，南方人也越来越多地吃面粉，这可能有助于减少食物浪费。当然，是否如此还有待后续研究予以追踪。

第四，强化"光盘行动"宣传手段，落实法制治理。"光盘行动"倡导厉行节约、反对铺张浪费，其本质有助于加强节约意识、培养良好饮食习惯。研究表明，相对于短信、报纸、标语等间接的、很难感受到食物浪费直观效果的宣传方式，视频音像宣传"光盘运动"能够取得更好的效果。因此，以电视、微信小程序、短视频等新媒介宣传食物节约运动，加强信息干预，不仅使得宣传方式更加形象，也有助于提升大学生的节约意识，减少信息短缺和认知水平不够带来的食物浪费。此外，加快落实《中华人民共和国反食品浪费法》对于保障减少食物浪费也具有积极意义。

第五，重点关注高校食堂食物浪费对生态环境造成的影响。中国高校拥有的在校大学生数量位列世界第一，高校大学生在食堂就餐时的食物浪费所产生的环境问题也十分严峻。因此，政府、教育机构以及高校大学生都要重视食物浪费的后果，多方共同努力减少食物浪费及其产生的生态足迹、碳足迹、磷足迹和氮足迹。针对个体特征、家庭特征、经济水平不同的人群，应实行差异化治理措施，一方面，政府需加快政策引导和干预性措施来提前布局；另一方面，高校和食堂管理层要加强和学生的沟通，建立高质量、多样化口味的餐饮保障体系，在根源上遏制食物浪费。此外，针对产生食物浪费主体的高校大学生，应加强节约食物的宣传和食育教育，在维持营养需求的前提下，让学生增强主动节约意识，理性消费，减少食物浪费和减轻相应的负面环境效应。

参 考 文 献

［1］曹芳芳，黄东，朱俊峰，等．小麦收获损失及其主要影响因素——基于1135户小麦种植户的实证分析［J］．中国农村观察，2018（2）：75－87．

［2］曹世阳．感知风险及面子视角下消费者对次优食品的购买意愿研究［D］．长春：吉林大学，2022．

［3］曹淑艳，谢高地．城镇居民食物消费的生态足迹及生态文明程度评价［J］．自然资源学报，2016（7）：1073－1085．

［4］曾翠清．粮食安全视角下的大学生食堂餐饮浪费预防与解决对策研究［J］．粮食科技与经济，2022，47（6）：18－21．

［5］陈思静，濮雪丽，朱玥，等．规范错觉对外出就餐中食物浪费的影响：心理机制与应对策略［J］．心理学报，2021：1－15．

［6］陈锡文．落实发展新理念破解农业新难题［J］．农业经济问题，2016，37（3）：4－10．

［7］成升魁，高利伟，徐增让，等．对中国餐饮食物浪费及其资源环境效应的思考［J］．中国软科学，2012（7）：106－114．

［8］成升魁，李云云，刘晓洁，等．关于新时代我国粮食安全观的思考［J］．自然资源学报，2018，33（6）：911－926．

［9］程杰，杨舸，向晶．全面二孩政策对中国中长期粮食安全形势的影响［J］．农业经济问题，2017，38（12）：8－16，110．

［10］丁珊．家庭食物浪费及其生态足迹，碳足迹，水足迹和甲烷释放的研究［D］．大连：大连理工大学环境工程系，2015．

［11］丁圆元．膳食认知对我国家庭食物浪费的影响［D］．南京：南京财经大学贸易经济系，2020．

［12］樊琦，刘梦芸，李霜．湖北大学食堂粮食浪费影响因素实证研究［J］．粮油食品科技，2016，24（6）：109 – 113.

［13］封志明，史登峰．近 20 年来中国食物消费变化与膳食营养状况评价［J］．资源科学，2006（1）：2 – 8.

［14］高利伟，成升魁，曹晓昌，等．食物损失和浪费研究综述及展望［J］．自然资源学报，2015，30（3）：523 – 536.

［15］高利伟，许世卫，李哲敏，等．中国主要粮食作物产后损失特征及减损潜力研究［J］．农业工程学报，2016，32（23）：1 – 11.

［16］高利伟．中国主要粮食作物供应链损失和浪费特征及其减损潜力研究［D］．北京：中国农业科学院，2019：1 – 30.

［17］郭思玉，陆红艳，张建端．学龄前儿童饮食行为与体质量指数相关性研究［J］．中国预防医学杂志，2018，19（2）：81 – 85.

［18］韩琳琳，李倩，张洵，等．地方高校大学生践行"光盘行动"的现状及引导策略——基于河北省四所院校的调查［J］．邢台学院学报，2022，37（4）：150 – 153，187.

［19］侯彩霞，张梦梦，赵雪雁，等．性别差异视角下中国家庭食物浪费行为的神经机制研究［J］．自然资源学报，2022，37（10）：2531 – 2543.

［20］侯鹏，王灵恩，刘晓洁，等．国内外食育研究的理论与实践［J］．资源科学，2018，40（12）：2369 – 2381.

［21］胡越，周应恒，韩一军，等．减少食物浪费的资源及经济效应分析［J］．中国人口·资源与环境，2013，23（12）：150 – 155.

［22］黄季焜．对近期与中长期中国粮食安全的再认识［J］．农业经济题，2021（1）：19 – 26.

［23］黄伟，叶亚群，王毅，等．老年人群体质指数与心血管疾病危险因素相关性分析［J］．中国慢性病预防与控制，2018，26（2）：110 – 113.

［24］贾尔斯·钱斯．减少粮食浪费：一项全球性挑战［J］．重庆与世界，2013（3）：56 – 57.

［25］贾丽，乔光华．高校学生减少食物浪费行为的决策因素研究——基于计划行为理论和规范激活理论的综合框架［J］．干旱区资源与环境，2022，36（7）：38 – 46.

［26］江金启，T. Edward Yu，黄琬真，等．中国家庭食物浪费的规模估算及决定因素分析［J］．农业技术经济，2018（9）：88－99.

［27］李丰，丁圆元，蔡荣．食物转化视角下我国家庭食物浪费程度与影响因素——基于 CHNS 数据的实证分析［J］．自然资源学报，2021，36（4）：811－826.

［28］李丰，蒋文斌，朱瑶瑶，等．中国农村食物浪费与成因分析——基于全国 25 个省（市）的记账式调查［J］．粮食科技与经济，2017，42（4）：24－28.

［29］李丰，钱壮．高校食堂粮食浪费研究及政策建议——以南京财经大学为例［J］．粮食科技与经济，2018，43（4）：27－30，119.

［30］李明净．中国家庭食物消费的碳—水—生态足迹及气候变化减缓策略优化研究［D］．大连：大连理工大学，2016.

［31］李玉炫，王俊能，许振成，等．广州食物氮足迹估算与分析［J］．广东农业科学，2012，6（13）：137－140.

［32］廖芬，青平，孙山，等．"殊途同归"：沟通方式对食物浪费行为的影响机制分析［J］．中国农村经济，2018（5）：1－17.

［33］林俊帆，张子昂．国内外家庭食物浪费研究进展及启示：新内容、新方法与新视角［J］．自然资源学报，2023，38（5）：1178－1193.

［34］刘立涛，刘晓洁，伦飞，等．全球气候变化下的中国粮食安全问题研究［J］．自然资源学报，2018，33（6）：927－939.

［35］刘庆，刘秀丽，汪寿阳．基于合理膳食结构的 2020—2050 年我国食物用粮需求测算［J］．系统工程理论与实践，2018，38（3）：615－622.

［36］罗屹，王鸿儒，苗海民，等．肥胖与中国农村家庭食物浪费——基于 1562 户农户调查数据的实证分析［J］．自然资源学报，2022，37（10）：2559－2571.

［37］吕新业，冀县卿．关于中国粮食安全问题的再思考［J］．农业经济问题，2013，34（9）：15－24.

［38］钱龙，饶清玲，李丰．农村居民食物浪费情况及其影响因素——以主食浪费为例［J］．江南大学学报（人文社会科学版），2021，20（6）：47－57.

［39］钱龙，李丰，钱壮，等．南北差异视角下个体食物浪费行为——基于大学生高校食堂就餐情境的分析［J］．自然资源学报，2021，36（3）：552 - 566．

［40］钱龙，李丰，钱壮．高校食堂食物浪费的影响因素［J］．资源科学，2019，41（10）：1859 - 1870．

［41］史常亮，李赟，朱俊峰．劳动力转移、化肥过度使用与面源污染［J］．中国农业大学学报，2016，21（5）：169 - 180．

［42］宋亮，杨健翔，佟大建，等．餐饮外卖食物浪费水平及其影响因素研究——以安徽省在校大学生为例［J］．干旱区资源与环境，2022，36（9）：113 - 119．

［43］孙中叶．解读粮食安全问题的新视角：开源节流并举——兼论河南家庭粮食消费损失现状及对策［J］．河南工业大学学报（社会科学版），2009，5（3）：1 - 4．

［44］孙子烨，余志刚．中国居民家庭食物浪费演变特征及差异性分析［J］．中国食物与营养，2022，28（9）：12 - 17．

［45］汤夺先，王荞．我国餐桌食物浪费问题的饮食人类学研究［J］．青海民族大学学报，2021（3）：1 - 10．

［46］王春超，钟锦鹏．同群效应与非认知能力——基于儿童的随机实地实验研究［J］．经济研究，2018，53（12）：177 - 192．

［47］王钢，钱龙．新中国成立 70 年来的粮食安全战略：演变路径和内在逻辑［J］．中国农村经济，2019（9）：15 - 29．

［48］王灵恩，成升魁，穆松林，等．拉萨市餐饮食物消费实证研究［J］．开发研究，2012（4）：147 - 152．

［49］王灵恩，倪笑雯，李云云，等．中国消费端食物浪费规模及其资源环境效应测算［J］．自然资源学报，2021，36（6）：1455 - 1468．

［50］王灵恩，倪笑雯，李云云，等．基于入户称重调研的居民春节食物消费和浪费特征［J］．自然资源学报，2022，37（10）：2544 - 2558．

［51］王灵恩，成升魁，刘刚，等．中国食物浪费研究的理论与方法探析［J］．自然资源学报，2015，30（5）：715 - 724．

［52］王灵恩，成升魁，钟林生，等．旅游城市餐饮业食物消费及其资

源环境成本定量核算——以拉萨市为例 [J]. 自然资源学报, 2016, 31 (2): 215-227.

[53] 王灵恩, 侯鹏, 刘晓洁, 等. 中国食物可持续消费内涵及其实现路径 [J]. 资源科学, 2018, 40 (8): 1550-1559.

[54] 王庆叶, 刘杨杨, 林虬韬, 等. 高校大学生食物浪费行为影响因素研究——以扬州大学为例 [J]. 粮食科技与经济, 2022, 47 (3): 10-14.

[55] 王瑞鸿. 身体社会学——当代社会学的理论转向 [J]. 华东理工大学学报 (社会科学版), 2005 (4): 1-7.

[56] 王禹, 许世卫, 李哲敏, 等. 城市居民在外就餐食物浪费影响因素实证研究 [J]. 中国农业资源与区划, 2018, 39 (9): 199-204.

[57] 王志刚, 廖文玉, 张文胜. "光盘行动" 能否减少餐桌浪费——基于北京高校 237 份大学生问卷调查 [J]. 农业经济与管理, 2018 (3): 27-35.

[58] 魏健雄, 于晓宇. 高校后勤制止餐饮浪费工作的开展及策略实施探究——以大连理工大学为例 [J]. 高校后勤研究, 2021 (5): 16-18.

[59] 温忠麟, 叶宝娟. 中介效应分析: 方法和模型发展 [J]. 心理科学进展, 2014, 22 (5): 731-745.

[60] 吴加才. 身体消费的现代性悖论 [J]. 前沿, 2011 (6): 45-48.

[61] 冼超凡, 欧阳志云. 城乡居民食物氮足迹估算及其动态分析——以北京市为例 [J]. 生态学报, 2016, 36 (8): 2413-2421.

[62] 向晶, 钟甫宁. 人口结构变动对未来粮食需求的影响: 2010-2050 [J]. 中国人口·资源与环境, 2013, 23 (6): 117-121.

[63] 辛良杰, 王佳月, 王立新. 基于居民膳食结构演变的中国粮食需求量研究 [J]. 资源科学, 2015, 37 (7): 1347-1356.

[64] 许世卫. 中国食物消费与浪费分析 [J]. 中国食物与营养, 2005 (11): 6-10.

[65] 尹靖华, 顾国达. 我国粮食中长期供需趋势分析 [J]. 华南农业大学学报 (社会科学版), 2015, 14 (2): 76-83.

[66] 张车伟. 营养、健康与效率——来自中国贫困农村的证据 [J]. 经济研究, 2003 (1): 3-12, 92.

［67］张丹，成升魁，高利伟，等．城市餐饮业食物浪费碳足迹——以北京市为例［J］．生态学报，2016a，36（18）：5937－5948.

［68］张丹，伦飞，成升魁，等．城市餐饮食物浪费的磷足迹及其环境排放——以北京市为例［J］．自然资源学报，2016b，31（5）：812－821.

［69］张丹，伦飞，成升魁，等．不同规模餐馆食物浪费及其氮足迹——以北京市为例［J］．生态学报，2017，37（5）：1699－1708.

［70］张丹，成升魁，高利伟，等．城市餐饮业食物浪费的生态足迹——以北京市为例［J］．资源科学，2016c，38（1）：10－18.

［71］张盼盼，白军飞，成升魁，等．信息干预是否影响食物浪费？——基于餐饮业随机干预试验［J］．自然资源学报，2018，33（8）：1439－1450.

［72］张盼盼，王灵恩，白军飞，等．旅游城市餐饮消费者食物浪费行为研究［J］．资源科学，2018，40（6）：1186－1195.

［73］张其春，黄雪玲，陈泽颖，等．公众粮食浪费行为的诱发机制研究［J］．江南大学学报（人文社会科学版），2023，22（1）：22－34.

［74］张少春，闵师，马瑞．城市化、食物消费转型及其生态环境影响［J］．城市发展研究，2018（3）：13－20.

［75］张宗利，徐志刚．中国居民家庭食物浪费的收入弹性、效应解析及模拟分析［J］．农业技术经济，2022（5）：110－123.

［76］朱美羲，罗屹，黄汉权，等．中国农村家庭食物浪费的特点、环境影响与对策［J］．农业现代化研究，2022，43（6）：948－956.

［77］朱强，李丰，钱壮．全国高校食堂堂食浪费概况及其外卖碳足迹研究——基于30省（市）30所高校的9660份问卷调查［J］．干旱区资源与环境，2020，24（1）：49－55.

［78］Abdelradi F. Food waste behavior at the household level：A conceptual framework［J］．Waste Management，2018，71：485－493.

［79］Abdullah N，Mokhtar M，Bakar M H A，et al. Fast food consumption and obesity［J］．Asian Journal of Quality of Life，2017，2（6）：11－17.

［80］Adams M A，Pelletier R L，Zive M M，and Sallis J F. Salad Bars and fruit and vegetable consumption in elementary schools：A plate waste study

[J]. Journal of the American Dietetic Association, 2005, 105 (11): 1789 – 1792.

[81] Adelodun B, Kim S H, Odey G, Choi K S. Assessment of environmental and economic aspects of household food waste using a new Environmental-Economic Footprint (EN-EC) index: A case study of Daegu, South Korea [J]. Science of The Total Environment, 2021, 76 (1): 145928.

[82] Adelson S F, Delaney I, Miller C, et al. Discard of edible food in households [J]. Journal of Home Economics, 1963, 55 (8): 633 – 638.

[83] Al-Domi H, Al-Rawajfeh H, Aboyousif F, et al. Determining and addressing food plate waste in a group of students at the University of Jordan [J]. Pakistan Journal of Nutrition, 2011, 10 (9): 871 – 878.

[84] Allison M, Leach B S, Ariel N, Majidi B S, James N. Galloway, PhD, Andrew J. Greene, BS. Towardinstitutional sustainability: A nitrogen footprint model for a university [J]. Sustainability: The Journal of Record, 2013, 6 (4): 211 – 219.

[85] Aschemann-Witzel J, Gim'enez A, Ares G. Household food waste in an emerging country and the reasons why: Consumer's own accounts and how it differs for target groups [J]. Resources, Conservation and Recycling, 2019, 145: 332 – 338.

[86] Bai J, Zhang C, Wahl T, et al. Dining out, the missing food consumption in China [J]. Applied Economics Letters, 2016, 23 (15): 1084 – 1087.

[87] Barton A D, Beigg C L, Macdonald I A, et al. High food wastage and low nutritional intakes in hospital patients [J]. Clinical Nutrition, 2000, 19 (6): 445 – 449.

[88] Blair D, Sobal J. Luxus consumption: Wasting food resources through overeating [J]. Agriculture and Human Values, 2006, 23 (1): 63 – 74.

[89] Borucke M, Moore D, Cranston G, et al. Accounting for demand and supply of the biosphere's regenerative capacity: The national footprint accounts' underlying methodology and framework [J]. Ecological Indicators, 2013, 24: 518 – 533.

［90］Boschini M, Falasconi L, Giordano C, et al. Food waste in school canteens: A reference methodology for large-scale studies ［J］. Journal of Cleaner Production, 2018, 182: 1024 – 1032.

［91］Bravi L, Francioni B, Murmura F, Savelli E. Factors affecting household food waste among young consumers and actions to prevent it. A comparison among UK, Spain and Italy ［J］. Resources, Conservation and Recycling, 2020, 153: 104586.

［92］Brown T, Hipps N A, Easteal S, et al. Reducing domestic food waste by lowering home refrigerator temperatures ［J］. International Journal of Refrigeration, 2014, 40: 246 – 253.

［93］Buzby J C, Guthrie J F. Plate waste in school nutrition programs ［J］. Journal of Consumer Affairs, 2002, 36 (2): 220 – 238.

［94］Buzby J C, Hyman J. Total and per capita value of food loss in the United States ［J］. Food Policy, 2012, 37 (5): 561 – 570.

［95］Buzby J C, Farah-Wells H, Hyman J. The estimated amount, value, and calories of postharvest food losses at the retail and consumer levels in the United States ［R］. USDA-ERS Economic Information Bulletin, 2014, 121.

［96］Cakar B, Aydin S, Varank G, Ozcan H K. Assessment of environmental impact of food waste in Turkey ［J］. Journal of Cleaner Production, 2020, 244: 118846.

［97］Cao Y, Chai L, Yan X, Liang Y. Drivers of the growing water, carbon and ecological footprints of the Chinese diet from 1961 to 2017 ［J］. International Journal of Environmental Research and Public Health, 2020, 17 (5): 1803.

［98］Carolan M S. What is driving consumer food waste: Socio-material assemblages of household consumption practices ［J］. Appetite, 2021, 6: 105478.

［99］Chen C, Chaudhary A, Mathys A. Nutritional and environmental losses embedded in global food waste ［J］. Resources, Conservation and Recycling, 2020, 160: 104912.

［100］Cicatiello C, Franco S, Pancino B, et al. The dark side of retail food waste: Evidences from in-store data [J]. Resources, Conservation and Recycling, 2017, 125: 273 –281.

[101] Clune S, Crossin E, Verghese K. Systematic review of greenhouse gas emissions for different fresh food categories [J]. Journal of Cleaner Production, 2017, 140: 766 –783.

[102] Crippa M, Solazzo E, Guizzardi D, Monforti-Ferrario F, Tubiello F N, Leip A. Food systems are responsible for a third of global anthropogenic GHG emissions [J]. Nature Food, 2021, 2 (3): 198 –209.

[103] Čuček L, Klemeš J J, Kravanja Z. A review of footprint analysis tools for monitoring impacts on sustainability [J]. Journal of Cleaner Production, 2012, 34: 9 –20.

[104] Cuéllar A D, Webber M E. Wasted food, wasted energy: The embedded energy in food waste in the United States [J]. Environmental Science & Technology, 2010, 44 (16): 6464 –6469.

[105] Derqui B, Fernandez V. The opportunity of tracking food waste in school canteens: Guidelines for self-assessment [J]. Waste Management, 2017, 69: 431 –444.

[106] Derqui B, Fernandez V, Fayos T. Towards more sustainable food systems [J]. Addressing food waste at school canteens. Appetite, 2018, 129: 1 –11.

[107] Di Talia E, Simeone M, Scarpato D. Consumer behavior types in household food waste [J]. Journal of Cleaner Production, 2019, 214: 166 –172.

[108] Diaz-Ruiz R, Costa-Font M, Gil J M. Moving ahead from food-related behaviours: an alternative approach to understand household food waste generation [J]. Journal of Cleaner Production, 2018, 172: 1140 –1151.

[109] Dorward L J. Where are the best opportunities for reducing greenhouse gas emissions in the food system (Including the food chain)? A comment [J]. Food Policy, 2012, 37: 463 –466.

[110] Dumas M, Frossard E, Scholz R W. Modeling biogeochemical processes of phosphorus for global food supply [J]. Chemosphere, 2011, 84:

798 – 805.

［111］ EC. Preparatory study on food waste across EU – 27. Technical Report – 2010 – 054 ［J］. European Communities, 2011.

［112］ Elhoushy S, Jang S C. Religiosity and food waste reduction intentions: A conceptual model ［J］. International Journal of Consumer Studies, 2021, 45 (2): 287 – 302.

［113］ Elimelech E, Ayalon O, Ert E. What gets measured gets managed: A new method of measuring household food waste ［J］. Waste Management, 2018, 76: 68 – 81.

［114］ Elizabeth A. Castner, Allison M. Leach, Neil Leary, Jill Baron, Jana E. Compton, James N. Galloway, Meredith G. Hastings, Jacob Kimiecik, Jonathan Lantz-Trissel, Elizabeth de la Reguera, Rebecca Ryals. Thenitrogen footprint tool network: A multi-Institution program to reduce nitrogen pollution ［J］. Sustainability: The Journal of Record, 2017, 10 (2): 79 – 88.

［115］ Ellison B, Savchenko O, Nikolaus C J, et al. Every plate counts: Evaluation of a food waste reduction campaign in a university dining hall ［J］. Resources, Conservation and Recycling, 2019, 144: 276 – 284.

［116］ Elshaer I, Sobaih A E E, Alyahya M, Abu Elnasr A. The impact of religiosity and food consumption culture on food waste intention in Saudi Arabia ［J］. Sustainability, 2021, 13 (11): 6473.

［117］ Falasconi L, Vittuari M, Politano A. Foodwaste in school catering: An Italian case study ［J］. Sustainability, 2015, 7 (11): 14745 – 14760.

［118］ Falasconi L, Cicatiello C, Franco S, Segr'e A, Setti M, Vittuari M. Such a shame! A study on self-perception of household food waste ［J］. Sustainability, 2019, 11 (1), 270.

［119］ Falasconi L, Vittuari M, Politano A. Foodwaste in school catering: An Italian case study ［J］. Sustainability, 2015, 7 (11): 14745 – 14760.

［120］ FAO, IFAD, UNICEF, et al. The State of Food Security and Nutrition in the World. Transforming food systems for food security, improved nutrition and affordable healthy diets for all ［M］. Rome: Food and Agriculture Organization, 2021: 7 - 28.

[121] FAO, IFAD, UNICEF, WFP, WHO. The State of Food Security and Nutrition in the World 2018. Building Climate Resilience for Food Security and Nutrition [R]. FAO, Rome, 2018.

[122] FAO. Food Wastage Footprint & Climate Change [R]. Organisation of the United Nations, Food and Agriculture, 2015.

[123] FAO. Food Wastage Footprint Impacts on Natural Resources-summary Report [R]. Rome, 2013.

[124] FAO. The state of food and agriculture. Moving Forward on Food Loss and Waste Reduction [M]. Rome: Food & Agriculture Organization, 2019: 2 - 13.

[125] Flanagan A, Priyadarshini A. A study of consumer behaviour towards food-waste in Ireland: Attitudes, quantities and global warming potentials [J]. Journal of Environmental Management, 2021, 284 (5): 112046.

[126] Forbes H, Quested T, O'Connor C. Food Waste Index Report 2021 [R]. United Nations Environment Programme: Nairobi, Kenya, 2021.

[127] Galloway J N, Cowling E B. Reactive nitrogen and the world: 200 year of change [J]. AMBIO: A Journal of the Human Environment, 2002, 31 (2): 64 - 71.

[128] Genevieve S. Metson, Dana Cordell, Brad Ridoutt. Potential impact of dietary choices on phosphorus recycling and global phosphorus footprints: The case of the Average Australian City [J]. Frontiers in Nutrition, 2016, 3 (10): 35.

[129] Gjerris M, Gaiani S. Household food waste in Nordic countries: Estimations and ethical implications [J]. Etikki praksis-Nordic Journal of Applied Ethics, 2013, 7 (1): 6 - 23.

[130] Godfray H C J, Beddington J R, Crute I R, Haddad L, Lawrence D, Muir J F, Toulmin C. Food security: The challenge of feeding 9 billion people [J]. Science, 2010, 327 (5967), 812 - 818.

[131] Graunke R E, Wilkie A C. Research and solutions: AASHE student award winning paper: Converting food waste to biogas [J]. Sustainability,

2008, 1 (6): 391 –394.

[132] Grote U, Craswell E, Vlek P. Nutrient flows in international trade: Ecology and policy issues [J]. Environmental Science & Policy, 2005, 8: 439 –451.

[133] Gruber L M, Brandstetter C P, Bos U, Lindner J P, Albrecht S. LCA study of unconsumed food and the influence of consumer behavior [R]. International Conference on Life Cycle Assessment in the Agri-food Sector, 2015, 1 –12.

[134] Gustafsson J, Cederberg C, Sonesson U, et al. The Methodology of the FAO study: Global Food Losses and Food Waste-extent, Causes and Prevention [M]. SIK Institutet för Livsmedel Och Bioteknik, 2013.

[135] Gustavsson J, Cederberg C, Sonesson U, et al. Global food losses and food waste: Extent, causes and prevention [M]. Rome: Food and Agriculture Organization, 2011: 1 –24.

[136] Halloran A, Clement J, Kornum N, et al. Addressing food waste reduction in Denmark [J]. Food Policy, 2014, 49: 294 –301.

[137] Hamilton C, Denniss R, Baker D G. Wasteful consumption in Australia [M]. Canberra: Australia Institute, 2005.

[138] Harrison G G, Rathje W L, Hughes W W. Food waste behavior in an urban population [J]. Journal of Nutrition Education, 1975, 7 (1): 13 –16.

[139] Hiç C, Pradhan P, Rybski D, Kropp J P. Food surplus and its climate burdens [J]. Environmental Science & Technology, 2016, 50 (8): 4269 –4277.

[140] Hu Y, Cui S, Bai X, Zhu Y G, Gao B, Ramaswami A, T ang J, Y ang M, Zhang Q and Huang Y. Transboundary environmental footprints of the urban food supply chain and mitigation strategies [J]. Environment Science & Technology, 2020, 54, 10460 –10471.

[141] Ilakovac B, Voca N, Pezo L, et al. Quantification and determination of household food waste and its relation to sociodemographic characteristics in Croatia [J]. Waste Management, 2020, 102: 231 –240.

[142] Katajajuuri J M, Silvennoinen K, Hartikainen H, et al. Food waste in

the Finnish food chain [J]. Journal of Cleaner Production, 2014, 73: 322 –329.

[143] Kaukonen K M, Bailey M, Suzuki S, Pilcher D, Bellomo R. Mortality related to severe sepsis and septic shock among critically ill patients in Australia and New Zealand, 2000 – 2012 [J]. Jama, 2014, 311 (13): 1308 – 1316.

[144] Kocaadam Bozkurt Betül, Bozkurt Osman. Relationship between adherence to the Mediterranean diet, sustainable and healthy eating behaviors, and awareness of reducing the ecological footprint [J]. International Journal of Environmental Health Research, 2023.

[145] Koivupuro H K, Hartikainen H, Silvennoinen K, et al. Influence of socio-demographical, behavioural and attitudinal factors on the amount of avoidable food waste generated in Finnish households [J]. International Journal of Consumer Studies, 2012, 36 (2): 183 –191.

[146] Kummu M, De Moel H, Porkka M, et al. Lost food, wasted resources: Global food supply chain losses and their impacts on freshwater, cropland, and fertiliser use [J]. Science of the Total Environment, 2012, 438: 477 –489.

[147] Lam D D, Garfield A S, Marston O J, Shaw J, Heisler L K. Brain serotonin system in the coordination of food intake and body weight [J]. Pharmacol. Biochem. Behav, 2010, 97 (1), 84 –91.

[148] Leach, Allison M, Ariel N. Majidi, James N. Toward Institutional Sustainability: A Nitrogen Footprint Model for a University [J]. Sustainability: The Journal of Record, 2013, 6 (4): 211 –219.

[149] Lee J, Taherzadeh O, Kanemoto K. The scale and drivers of carbon footprints in households, cities and regions across India [J]. Global Environmental Change, 2021, 66: 102205.

[150] Li G L, Bai X M, Yu S, et al. Urban phosphorus metabolism through food consumption [J]. Journal of Industrial Ecology, 2011, 16 (4): 588 –599.

[151] Li Y, Jin Y, Borrion A, et al. Current status of food waste generation and management in China [J]. Bioresource Technology, 2019, 273: 654 –665.

［152］Li Y, Wang L E, Liu G, Cheng S. Rural household food waste characteristics and driving factors in China ［J］. Resources, Conservation and Recycling, 2021, 164: 105209.

［153］Lin B, Guan C. Determinants of household food waste reduction intention in China: The role of perceived government control ［J］. Journal of Environmental Management, 2021, 299 （1）: 113577.

［154］Lipinski B, Hanson C, Lomax J, et al. Reducing Food Loss and Waste ［R］. World Resources Institute Working Pape, 2013.

［155］Liu Y, Cheng S, Liu X, Cao X, Xue L, Liu G. Plate waste in school lunch programs in Beijing, China ［J］. Sustainability, 2016, 8 （12）: 1288.

［156］Liu G, Liu X, Cheng S. Food security: Curb China's rising food wastage ［J］. Nature, 2013, 498 （7453）: 170.

［157］Liu J, Lundqvist J, Weinberg J, Gustafsson J. Foodlosses and waste in China and their implication for water and land ［J］. Environmental Science & Technology, 2013, 47 （18）: 10137 – 10144.

［158］Liu Y, Cheng S, Liu X, Cao X, Xue L, Liu G. Plate waste in school lunch programs in Beijing, China ［J］. Sustainability, 2016, 8 （12）: 1288.

［159］Qian L, Li F, Liu H B, et al. Rice vs. Wheat: Does staple food consumption pattern affect food waste in Chinese university canteens? ［J］. Resources, Conservation and Recycling, 2022, 176: 105902.

［160］Lorenz B A S, Hartmann M, Langen N. What makes people leave their food? The interaction of personal and situational factors leading to plate leftovers in canteens ［J］. Appetite, 2017, 116: 45 – 56.

［161］Lu Y, Chen B. Urban ecological footprint prediction based on the Markov chain ［J］. Journal of Cleaner Production, 2016 （3）: 146 – 153.

［162］Lundqvist J, De Fraiture C, Molden D. Saving water: From field to fork-curbing losses and wastage in the food chain ［R］. Stockholm: SIWI Policy Brief, 2008.

[163] Mancini M S, Gallia, Niccolucci V. Ecological footprint: Refining the carbon footprint calculation [J]. Ecological Indicators, 2016, (2): 390 –403.

[164] Marlette M A, Templeton S B, Panemangalore M. Food type, food preparation, and competitive food purchases impact school lunch plate waste by sixth-grade students [J]. Journal of the American Dietetic Association, 2005, 105 (11): 1779 –1782.

[165] Martin M L, Cunha L M, Rodrigues S S P, et al. Determination of plate waste in primary school lunches by weighing and visual estimation methods: A validation study [J]. Waste Management, 2014, 34 (8): 1362 –1368.

[166] Mattar L, Abiad M G, Chalak A, Diab M, Hassan H. Attitudes and behaviors shaping household food waste generation: Lessons from Lebanon [J]. Journal of Cleaner Production, 2018, 198: 1219 –1223.

[167] McCarthy B, Liu H. Food waste and the 'green' consumer [J]. Australia Market Journal. 2017, 25 (2): 126 –132.

[168] Metson G S, Cordell D and Ridoutt B. Potential impact of dietary choices on phosphorus recycling and global phosphorus footprints: the case of the average Australian City Front [J]. Nutrition, 2016, 3: 35.

[169] Miliute-Plepiene J, Plepys A. Does food sorting prevents and improves sorting of household waste? A case in Sweden [J]. Journal of Cleaner Production, 2015, 101: 182 –192.

[170] Min S, Wang, X B, Yu, X H. Does dietary knowledge affect household food waste in the developing economy of China? [J]. Food Policy, 2021, 98 (1): 101896.

[171] Monier V, Shailendra M, Escalon V, O'Connor C, Gibon T, Anderson G, Hortense M, Reisinger H. Preparatory study on food waste across EU 27 [M]. European Commission (DG ENV) Directorate C-Industry, 2011.

[172] Moult J A, Allan S R, Hewitt C N, et al. Greenhouse gas emissions of food waste disposal options for UK retailers [J]. Food Policy, 2018, 77: 50 –58.

[173] Muth M K. Consumer-level food loss estimates and their use in the ERS loss-adjusted food availability data [M]. DIANE Publishing, 2011.

［174］Nahman A, De Lange W, Oelofse S, et al. The costs of household food waste in South Africa ［J］. Waste Management, 2012, 32 (11): 2147 −2153.

［175］Neset T S, Bader H, Scheidegger R, et al. The flow of phosphorus in food production and consumption—Linköping, Sweden, 1870 − 2000 ［J］. Science of the Total Environment, 2008, 396: 111 −120.

［176］Painter K, Thondhlana G, Kua H W. Food waste generation and potential interventions at Rhodes University, South Africa ［J］. Waste Management, 2016, 56: 491 −497.

［177］Parfitt J, Barthel M, Macnaughton S . Food waste within food supply chains: quantification and potential for change to 2050 ［J］. Philosophical Transactions of the Royal Society of London, 2010, 365 (1554): 3065 −3081.

［178］Parizeau K, von Massow M, Martin R. Household-level dynamics of food waste production and related beliefs, attitudes, and behaviours in Guelph, Ontario ［J］. Waste Management, 2015, 35: 207 −217.

［179］Pierer, Magdalena, Wilfried Winiwarter, Allison M. Leach, James N. Galloway. The nitrogen footprint of food products and general vonsumption patterns in Austria ［J］. Food Policy, 2014, 49 (12): 128 −136.

［180］Pinto R S, dos Santos Pinto R M, Melo F F S, et al. A simple awareness campaign to promote food waste reduction in a university canteen ［J］. Waste Management, 2018, 76: 28 −38.

［181］Porpino G. Household food waste behavior: Avenues for future research ［J］. Journal of the Association for Consumer Research, 2016, 1 (1): 41 −51.

［182］Porter S D, Reay D S, Higgins P, Bomberg E. A half-century of production-phase greenhouse gas emissions from food loss & waste in the global food supply chain ［J］. Science of the Total Environment, 2016, 571: 721 −729.

［183］Principato L, Mattia G, Di Leo A, et al. The household wasteful behaviour framework: A systematic review of consumer food waste ［J］. Industrial Marketing Management, 2021, 93: 641 −649.

［184］Qian K, Javadi F, Hiramatsu M. Influence of the COVID −19 pandemic on household food waste behavior in Japan [J]. Sustainability, 2020, 12 (23): 9942.

[185] Qian L, Li F, Cao B M, Wang L, Jin S. Determinants of food waste generation in Chinese university canteens: Evidence from 9192 university students [J]. Resources, Conservation and Recycling, 2021, 167: 105410.

[186] Quested T E, Marsh E, Stunell D, et al. Spaghetti soup: The complex world of food waste behaviors [J]. Resources, Conservation and Recycling, 2013, 79: 43 –51.

[187] Quested T E, Parry A D, Easteal S, et al. Food and drink waste from households in the UK [J]. Nutrition Bulletin, 2011, 36 (4): 460 –467.

[188] Rajan J, Fredeen A L, Booth A L, Watson M. Measuring food waste and creating diversion opportunities at Canada's Greenuniversity TM [J]. Hunger Environment Nutrition, 2018, 13 (4): 573 –586.

[189] Rasmus Einarsson1, Maria Henriksson, Markus Hoffmann, Christel Cederberg. The nitrogen footprint of Swedish food consumption [J]. Environmental Research Letters, 2022, 17: 104030.

[190] Reynolds C, Goucher L, Quested T, et al. Review: Consumption-stage food waste reduction interventions—What works and how to design better interventions [J]. Food Policy, 2019, 83: 7 –27.

[191] Richter B. Knowledge and perception of food waste among German consumers [J]. Journal of Cleaner Production, 2017, 166: 641 –648.

[192] Ridoutt B G, Juliano P, Sanguansri P, et al. The water footprint of food waste: The case study of fresh mango in Australia [J]. Journal of Cleaner Production, 2010, 18 (16 –17): 1714 –1721.

[193] Russell S V, Young C W, Unsworth K L, et al. Bringing habits and emotions into food waste behaviour [J]. Resources, Conservation and Recycling, 2017, 125: 107 –114.

[194] Schanes K, Dobernig K, Gözet B. Food waste matters—A systematic review of household food waste practices and their policy implications [J]. Journal of Cleaner Production, 2018, 182: 978 –991.

［195］Schaubroeck T, Ceuppens S, Luong A D, et al. A pragmatic framework to score and inform about the environmental sustainability and nutritional profile of canteen meals, a case study on a university canteen ［J］. Journal of Cleaner Production, 2018, 187: 672 - 686.

［196］Scherhaufer S, Moates G, Hartikainen H, Waldron K, Obersteiner G. Environmental impacts of food waste in Europe ［J］. Waste Management, 2018, 77: 98 - 113.

［197］Schmitt V G H, Cequea M M, Neyra J M V, et al. Consumption behavior and residential food waste during the COVID - 19 pandemic outbreak in Brazil ［J］. Sustainability, 2021, 13 (7): 3702.

［198］Secondi L, Principato L, Laureti T. Household food waste behavior in EU - 27 countries: A multilevel analysis ［J］. Food Policy, 2015, 56: 25 - 40.

［199］Segrè A, Flascon L, Politano A, et al. Background paper on the economics of food loss and waste ［J］. Rome: FAO, 2014: 53 - 59.

［200］Shafiee-Jood M, Cai X M. Reducing Food loss and waste to enhance food security and environmental sustainability ［J］. Environment Science Technology, 2016, 50 (16): 8432 - 8443.

［201］Shanks C B, Banna J, Serrano E L. Food waste in the national school lunch program 1978 - 2015: A systematic review ［J］. Academic Nutrition Dietetics, 2017, 117 (11): 1792 - 1807.

［202］Skaf L, Franzese P P, Capone R, et al. Unfolding hidden environmental impacts of food waste: An assessment for fifteen countries of the world ［J］. Journal of Cleaner Production, 2021, 310 (7): 127523.

［203］Song B, Zhao X, Li S, et al. Differences in microstructure and properties between selective laser melting and traditional manufacturing for fabrication of metal parts: A review ［J］. Frontiers of Mechanical Engineering, 2015, 10 (2): 111 - 125.

［204］Song G, Li M, Semakula H M, et al. Food consumption and waste and the embedded carbon, water and ecological footprints of households in China ［J］. Science of the Total Environment, 2015, 529: 191 - 197.

[205] Song G, Semakula H M, Fullana-i-Palmer P. Chinese household food waste and its climatic burden driven by urbanization: A bayesian belief network modelling for reduction possibilities in the context of global efforts [J]. Journal of Cleaner Production, 2018, 202: 916 – 924.

[206] Stancu V, Haugaard P, Lahteenmaki L. Determinants ofconsumer food waste behavior: Two routes to food waste [J]. Appetite, 2016, 96: 7 – 17.

[207] Talhelm T, Zhang X, Oishi S, et al. Large-scale psychological differences within China explained by rice versus wheat agriculture [J]. Science, 2014, 344 (6184): 603 – 608.

[208] Talhelm T. Emerging evidence of cultural differences linked to rice versus wheat agriculture [J]. Current Opinion in Psychology, 2020, 32: 81 – 88.

[209] Thi N B D, Kumar G, Lin C Y. An overview of food waste management in developing countries: Current status and future perspective [J]. Environment Management, 2015, 157: 220 – 229.

[210] Thyberg K L and Tonjes D J. Drivers of food waste and their implications for sustainable policy development [J]. Resources, Conservation and Recycling, 2016, 106: 110 – 123.

[211] Tonini D, Albizzati P F, Astrup T F. Environmental impacts of food waste: Learnings and challenges from a case study on UK [J]. Waste Management, 2018, 76: 744 – 766.

[212] United Nations (UN). Sustainable Development Goals 2030 [R]. United Nations, New York, 2015.

[213] United Nations Environment Programme (UNEP). The Food Waste Index Report 2021 [R]. United Nations, Nairobi, Kenya, 2021.

[214] Usubiaga A, Butnar I, Schepelmann P. Wasting food, wasting resources: Potential environmental savings through food waste reductions [J]. Journal of Industrial Ecology, 2018, 22 (3): 574 – 584.

[215] Van Dooren C, Janmaat O, Snoek J, Schrijnen M. Measuring food waste in Dutch households: a synthesis of three studies [J]. Waste Management, 2019, 94: 153 – 164.

［216］Van Garde S J, Woodburn M J. Food discard practices of householders ［J］. Journal of the American Dietetic Association, 1987, 87 (3): 322 –329.

［217］Vanham D, Bouraoui F, Leip A, Grizzetti B, Bidoglio G. Lost water and nitrogen resources due to EU consumer food waste ［J］. Environmental Research Letters, 2015, 10 (8): 084008.

［218］Vidal-Mones B, Barco H, Diaz-Ruiz R, et al. Citizens' food habit behavior and food waste consequences during the first COVID – 19 lockdown in Spain ［J］. Sustainability, 2021, 13 (6): 3381.

［219］Visschers V H M, Wickli N, Siegrist M. Sorting out food waste behavior: A survey on the motivators and barriers of self-reported amounts of food waste in households ［J］. Journal of Environmental Psychology, 2016, 45: 66 –78.

［220］Waller J C. Byproducts & Unusual Feedstuffs ［J］. Feedstuffs, 2010, 82 (38): 18 –23.

［221］Wang H L, Shi Q, Li H, Di D Y, Li Z C, Jiang M M. Spatiotemporal evolution of water ecological footprint based on the emergy-spatial autocorrelation method ［J］. Environmental Science and Pollution Research International, 2023, 30 (16): 47844 –47860.

［222］Wang P, Liu Q, Qi Y. Factors influencing sustainable consumption behaviors: a survey of the rural residents in China ［J］. Journal of Cleaner Production, 2014, 63: 152 –165.

［223］Wang L E, Liu G, Liu X, Liu Y, Gao J, Zhou B, Gao S, Cheng S. The weight of unfinished plate: A survey based characterization of restaurant food waste in Chinese cities ［J］. Waste Management, 2017, 66: 3 –12.

［224］Wang L, Xue L, Li Y, Liu X, Cheng S, Liu G. Horeca food waste and its ecological footprint in Lhasa, Tibet, China ［J］. Resources, Conservation and Recycling, 2018, 136: 1 –8.

［225］Wenlock R W, Buss D H, Derry B J, et al. Household food wastage in Britain ［J］. British Journal of Nutrition, 1980, 43 (1): 53 –70.

［226］Whitehair K J, Shanklin C W, Brannon L A. Written messages improve edible food waste behaviors in a university dining facility ［J］. Journal of the Academy of Nutrition and Dietetics, 2013, 113 (1): 63 – 69.

[227] Willett W, Rockström J, Loken B, et al. Food in the Anthropocene: the EAT-Lancet Commission on healthy diets from sustainable food systems [J]. The Lancet, 2019, 393 (10170): 447 – 492.

[228] WRAP. Household food and drink waste in the UK [R]. Final Report. Waste and Resources Action Programme. Banbury, UK, 2009.

[229] Wu S F, Wang J Y, Jia Y N, Wang X Y. A comparative study on the ecological footprint of living consumption in northwest ethnic regions: 1980 – 2018 [J]. Frontiers in Environmental Science, 2023.

[230] Wu Y L, Tian X, Li X R, et al. Characteristics, influencing factors, and environmental effects of plate waste at university canteens in Beijing, China [J]. Resources Conservation and Recycling, 2019, 149 (5): 151 – 159.

[231] Wu Y, Xi X, Tang X, et al. Policy distortions, farm size, and the overuse of agricultural chemicals in China [J]. Proceedings of the National Academy of Sciences, 2018, 115 (27) : 7010 – 7015.

[232] Xu Z, Zhang Z, Liu H, Zhong F, Bai J, Cheng S. Food-away-from-home plate waste in China: Preference for variety and quantity [J]. Food Policy, 2020, 97: 101918.

[233] Xue L, Liu G, Parfitt J, et al. Missing food, missing data? A critical review of global food losses and food waste data [J]. Environmental Science & Technology, 2017, 51 (12): 6618 – 6633.

[234] Xue L, Liu X, Lu S, Cheng G, Hu Y, Liu J, Dou Z, Cheng S, Liu G. China's food loss and waste embodies increasing environmental impacts [J]. Nature Food, 2021, 2 (7): 519 – 528.

[235] Zhang Y, Liu Y P, Shibata H, Gu B G, Wang Y W. Virtual nitrogen factors and nitrogen footprints associated with nitrogen loss and food wastage of China's main food crops [J]. Environmental Research Letters, 2018, 13 (1): 014017.

[236] Young W, Russell S V, Robinson C A, et al. Can social media be a tool for reducing consumers' food waste? A behavior change experiment by a UK re-

tailer [J]. Resources, Conservation and Recycling, 2017, 117: 195 –203.

[237] Yu Y, Jaenicke E C. Estimating food waste as household production inefficiency [J]. American Journal of Agricultural Economics, 2020, 102 (2): 525 –547.

[238] Zakiah L, Saimy I, Maimunah A H. Plate waste among hospital inpatients [J]. Malaysian Journal of Public Health Medicine, 2005, 5 (2): 19 –24.

[239] Zhang H, Li S, Wei D, He J, Chen J, Sun C, Arun K V, Duan H. Characteristics, environmental impact, and reduction strategies of food waste generated by young adults: Case study on university canteens in Wuhan, China [J]. Journal of Cleaner Production, 2021, 1: 128877.

[240] Zhu J, Luo Z, Sun T, Li W, Zhou W, Wang X N, Fei X C, Tong H H, Yin K. Cradle-to-grave emissions from food loss and waste represent half of total greenhouse gas emissions from food systems [J]. Nature Food, 2023, 4: 247 –256.

后　记

自 2017 年毕业来到南京财经大学粮食和物资学院（粮食经济研究院），如何结合学院优势平台和主流研究方向，实现研究领域的拓展和研究方向转变就成为摆在我眼前的一个重大挑战。硕博期间，我跟随洪名勇、钱文荣两位恩师，主要从事土地经济管理、人口迁移与城镇化，农业农村发展等领域的研究，对粮食相关研究并不熟悉。甚至一开始在心理上有一些抵触，认为研究就是要随心所欲，自己想写什么就写什么，不愿意转变。当然，其中也有畏难的情绪，担心自己一旦转变研究方向就很难出成果。

为了尽快评定副教授职称，我沿着自己熟悉的路径，发论文、申请项目，也很幸运地取得了一定成果。2020 年 7 月，对照副教授发表论文的数量要求，我以超过学校副高基本要求数倍的论文数量参评，并如期晋升副教授。大家都说，评完副教授在高校就是"脱贫"了，可以歇一歇了。但是我内心的压力反而更大了，来学院几年，承蒙学院领导和前辈们的关怀，让我能够自由发展，但是我对学院和平台的贡献甚微。

记得有一天晚上我在学院加班写论文，时任院长曹宝明教授也恰好在办公室，他喊我到办公室简单聊一聊。曹老师说：钱龙啊，你已经来几年了，想过我们这个学院以后的发展吗？我很惭愧，以前都是考虑的个人发展，并没有在这个方面想太多。如实相告后，曹老师点了一支烟，语重心长地说：每一个平台都需要后继有人，我们粮食经济研究院就是要牢牢守住粮食这个主阵地，这是我们的特色和主流方向。你们年轻人不去做，不接下去，将来我们这个学院怎么办？

一语惊醒梦中人。是的，一代人有一代人的担当和历史使命。既然当初我选择来到粮食和物资学院（粮食经济研究院），我就应该为学院的整体发展作出自己的贡献啊。我们学院前身是 1988 年国家商业部批准设立的南京粮食经济学院粮食经济研究所（2008 年更名为南京财经大学粮食经济研究院），是国内高校中最早设立的聚焦粮食安全战略、粮食流通与物资储备、粮食产业发展等研究领域的专门机构，有着十分光荣和辉煌的历史。巧合的是，我也是 1988 年出生，和学院同庚，这也是一种缘分吧。

思想通了之后，我的行为也慢慢转变，开始积极行动起来。最初，由于路径依赖，我从土地经济管理顺势转到相对熟悉的粮食生产领域。但粮食生产不是我院主流方向。短暂停留后，我开始将目光转向粮食产后损失和食物浪费领域。之所以选择这个研究方向，一则是我院曹宝明教授承担了国家粮食公益性行业科研专项课题"粮食产后损失浪费调查及评估技术研究"（201513004），而本书的另一位作者，李丰教授恰好是其中一个子课题"粮食消费环节损失浪费调查评估研究"（201513004－7）的主持人。这一重大课题需要新鲜血液加入进来，来推进研究和项目完成。二则是我自己观察到，当今社会的食物浪费现象越来越普遍。无论是居民家庭，还是餐馆、公共食堂、医院、咖啡馆等公共消费场所，都有大量的食物被白白损耗。我感觉这一问题值得高度重视，只有对食物浪费情况进行深度调研，找到减少食物浪费的关键驱动机制，才能够为政策的科学制定提供经验借鉴。实际上，我也注意到党和国家领导人高度重视粮食安全，对减少"舌尖上的浪费"十分关心。习近平总书记在 2013 年和 2020 年两次对减少食物浪费作出重要批示指示，提倡"厉行节约、反对浪费"的社会风尚。我一直坚信，社会科学研究需要接地气，要理论联系实际。食物浪费就是我认定的真问题，也是科学问题，值得持续努力耕耘。且这一方向是我们学院最近几年的重点研究领域之一，我得以在实现自己价值的同时，和学院主流保持一致，尽可能地作出自己的贡献。

下定决心后，依托李丰教授主持的课题，我选择了相对熟悉的高校食堂，以身边的大学生作为具体研究对象，开展了全国性的食物浪费调查。2018 年，历时 2 个月，累计调查近一万名大学生，实际称重 3 万余次，我们建立了第一个具有全国性代表的高校食堂食物浪费调查数据库。在此基础上，我和研究团队形成了一系列研究成果，在国内外高质量期刊

Resources、Conservation and Recycling、Ecosystem Health and Sustainability、《资源科学》、《自然资源学报》发表论文十多篇，形成的研究报告获得省部级及以上领导批示多项，递交的报告也发表在中央领导专阅内参上。本书就是在整理已有研究基础上，不断完善后的又一相关成果展现。这也是本团队在出版《高校食堂食物浪费报告》《新时期中国食物消费与浪费研究》之后，又一个凝聚了团队智慧的集体性成果。

在书稿即将付梓之际，要特别感谢我们学院的老院长，实际上也是我人生又一位重要导师曹宝明教授的悉心指导。如果没有这几年曹老师的言传身教、悉心指导，我想自己是很难实现转型的，是他让我对自己的事业有了历史使命这一认知维度。李丰教授是本书的重要合作者，对书稿的写作和出版作出很大贡献，他也是将我引入食物浪费，尤其是高校食堂食物浪费研究的引路人。也要特别感谢学院领导赵霞院长、吴丹书记、王进主任、易小兰副院长的关心和帮助，以及学院诸位同仁的大力支持！我指导的硕士研究生熊可馨、余可、饶清玲、胡文华，和学院博士生高登云撰写了部分章节初稿，熊可馨、余可、胡文华还协助对书稿进行了校对，在此一并致谢。当然，任何错误都由我本人负责。书稿出版也得到了论文合作者——浙江大学金少胜教授、中国科学院地理所王灵恩副研究员、北京大学刘刚教授、安徽大学刘红波教授的大力支持，对此表示感谢。

本书获粮食公益性行业科研专项项目"粮食产后损失浪费调查及评估技术研究"（201513004），国家社会科学基金重大项目"党的十八大以来党领导维护国家粮食安全的实践和经验研究"（22ZDA117），国家社会科学基金重点项目"粮食安全的法治保障研究"（20AZD116），国家自然科学基金面上项目"农业社会化服务对化学农资减量施用的影响：理论机制、效应识别与政策优化"（72273061），国家自然科学基金应急管理项目"我国粮食产后前端环节损失调查评估及节粮减损的总体思路研究"（72241015），国家自然科学基金应急管理项目"粮食产后前端损失调查评估方法与指标体系研究"（72241013），国家自然科学基金青年项目"农地确权、调整经历与农户耕地质量保护行为：机理与实证"（71803077），江苏省社会科学基金青年项目"江苏农业转型发展中耕地非粮化治理研究"（22GLC015）的支持。本书也获得了现代粮食流通与安全协同创新中心、南京财经大学粮食安全与战略研究中心、江苏粮食安全治理研究基地、江苏高校优势学科的资助。

最后，要特别感谢我的家人。父亲、母亲离开老家，来到南京给我带孩子，帮助照顾我们小家庭的日常，很是辛苦。他们对我的爱是那么深沉，儿子无以为报，唯愿双亲身体健康。我的爱人章晶晶女士知书达理，在兼顾自己工作的同时，很辛苦地教育两个孩子，她对我的支持很难用只言片语来表达。幸有贤妻，夫复何求！我的女儿思淇和儿子思睿很乖巧懂事，是我的骄傲。很抱歉，爸爸每次出门答应你们早点回来，但经常忙到深夜，陪伴你们的时间不那么多。长大后你们应该能明白，美好生活是需要奋斗才能获得的。爸爸努力工作，也是给你们树立一个榜样。爸爸很爱你们，祝宝贝们健康快乐地成长，所愿皆可行，将来能够成功抵达你们满是期待的星辰和大海、诗和远方！

钱　龙

2023 年 8 月于南京金川河畔